KB188190

초판 1쇄 발행 2009년 2월 10일
초판 2쇄 발행 2009년 5월 10일

펴낸이 정종현
지은이 박순애, 임금선
그림 양현숙

펴낸곳 도서출판 누가
아트디렉터 안흥섭 (아트엘) www.artel.kr
북디자인 김민지 (아트엘) 070_8235_1078
제작 이영목

등록번호. 제 20-342호
등록일자 2000. 8. 30
서울시 동작구 상도2동 186-7
tel 02 826 8802 **fax** 02 825 0079
e-mail Lukevision@hanmail.net

정가 10,000원

기도로 꿈을 이룬

어린이 절대희망

어린이 절대희망 **차 례**

기도로 꿈을 이룬
어린이 절대 희망

*

절망에서 희망으로
1부

1부
절망에서 희망으로...

내 고향 구룡포

지도에서 동해안을 따라 남으로 내려오다 보면 혹처럼 톡 튀어나온 부분이 있습니다. 이러한 곳을 '곶' 이라고 부르지요. 구룡포의 겨울은 따뜻하고 여름은 서늘하며 수산업이 발달했답니다. 여러분이 맛있게 먹는 오징어, 대게, 꽁치가 많이 잡힙니다.

구룡포란 이름에 얽힌 재미있는 전설을 소개합니다. 신라

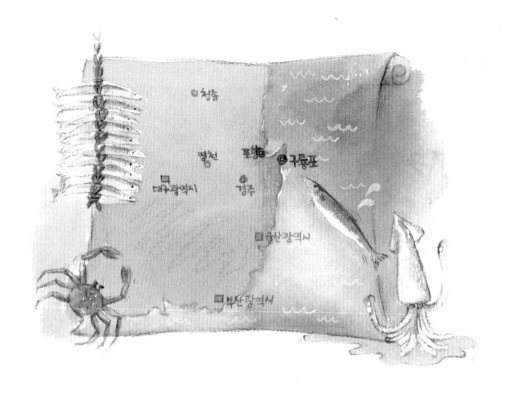

시대의 일이랍니다. 장마가 질 때마다 경주까지 물이 고

일 정도로 피해가 심했다고 합니다. 그래서 한 왕자가 장

마가 없게 해달라고 백일기도를 드렸지요. 마지막 날 신

령이 나타나서 "너는 구렁이가 될 것이다. 구렁이가 된 너

를 보고 용! 이라고 부르는 사람이 나타나기만 하면 너는

진짜 용이 되어 날아오를 것이다. 날아오를 때 꼬리로 산

꼭대기를 내리쳐라. 그러면 네 소원이 이루어질 것이다."

그런데 모두 구렁이가 나타났다며 도망을 갈 뿐 아무도

"용 봐라!" 라고 말하는 사람이 없었지요. 그 때 한 할머니

가 아이를 업고 지나갔습니다. 아이는 웬일인지 앙앙거리

며 울어댔지요. 할머니가 아이에게 말했습니다.

"아가, 너 자꾸 울면 저 구렁이가 널 잡아먹을 거야."

그랬더니 아이가 울음을 뚝 그치고는

"할머니, 저건 구렁이가 아니라 용이야!"

그 순간 구렁이가 된 왕자는 진짜 용이 되어 하늘로 날아

올랐습니다. 그리고 꼬리로 힘껏 산꼭대기를 내리쳤지요.

산과 들이 큰소리를 내며 흔들리더니 산이 반으로 갈라졌

습니다. 그리고 그 갈라진 틈으로 경주에 고였던 물이 빠

져 나가 큰 강이 되었지요. 그 강 이름이 지금의 형산강이

고, 잘려 나간 산머리는 동해로 떨어져서 구룡포가 있는

영일만의 장기곶을 만들었다는 전설입니다. 그래서 구룡

포는 음력 9월 9일 용이 꼬리를 쳐서 산이 날아와 생긴 곳이라고 말합니다.

어때요? 재미있지요? 전설과 동화는 사람들의 상상력이 만들어낸 것입니다. 그러나 하나님은 전설이나 동화 속의 주인공이 아닙니다. 하나님께서 사용하시는 사람들은 모두 이 세상에서 숨을 쉬며 살았던 실제 인물들이랍니다. 이 책의 주인공도 실제 인물이며 그 주인공이 직접 들려주는 생생하게 살아있는 이야기입니다.

우리 엄마는 열여섯에 시집을 오셨어요. 그런데 결혼을 한지 일 주 만에 남편과 헤어지게 되었습니다. 그 당시 우리나라는 일본의 지배를 받고 있었어요. 일본이 전쟁을 일으키자 많은 젊은이들이 군대

에 가야했거든요. 아들이 일본 북해도로 떠나자 엄마의 시어머니는 몸져누우셨습니다. 엄마는 시어머니 병간호는 물론 집안일을 다 떠맡았답니다. 안타깝게도 시어머니께서는 병을 이기지 못하시고 세상을 떠나셨습니다. 이제 집안에는 시아버지와 며느리만 남게 되었어요.

엄마 나이 스물아홉 살 때 주위 사람들은 말했어요. "쯧 쯧, 나이도 젊은 데 새 남편을 맞이해야지." 얼마나 오랫동안 끈질기게 권하는지 결국 엄마는 새 남편을 맞아하게 되었답니다. 엄마보다 나이도 아주 많은 분이셨는데, 그분이 바로 저의 아버지랍니다. 아버지에겐 이미 아들 하나와 딸 둘이 있었지요. 게다가 당장 먹을 것도 없을 정도로 가난했고 전처의 두 딸은 홍역을 앓고 있었어요. 이렇듯 엄마의 고생은 끝이 없었어요. 그러던 중 한국전쟁^{*한}

국전쟁은 1950년 6월 25일 새벽에 북한 공산군이 남한을 침범해서 일어난 전쟁이며 6.25라

고 합니다. 이 일어났답니다. 전쟁이 나자 너도 나도 짐을 꾸

려 남으로 피난을 가게 되었지요. "여보, 어디까지 가야해요?" 큼직한 보따리를 머리에 인 엄마가 아빠에게 물으셨어요. "힘든가보오, 조금만 더 참구려. 아무래도 바다 근처가 낫지 않겠소? 우리 땅이 없어 농사는 지을 수 없으니 말이요. 그래도 애들이랑 굶지 않으려면 물고기라도 잡아먹어야지." 그래서 아버지와 어머니는 이곳 구룡포에 자리를 잡았습니다. 엄마는 이곳에서 아들 둘을 낳으셨고, 1963년에 나를 낳으셨지요. 아들 셋과 딸 셋 중에 막내가 되었지요. ❀

아버지가 변했어요

내가 여섯 살이 되던 해에 집안에 아주 슬
픈 일이 생겼습니다. 아버지가 타고 나가신 고깃배에 불
이 나는 바람에 배에 타고 있던 많은 사람들이 생명을 잃
었답니다. 사방에서 들려오는 울음소리와 하얀 천에 덮여
줄지어 누워있던 주검들이 아직도 눈에 선합니다. 아버
지의 시신을 찾기 위해서 천을 들쳐봐야만 했습니다. 불

에 타 형태가 일그러진 얼굴을 보고 기겁을 했습니다. 도저히 아버지 얼굴을 확인할 수가 없었지요. 그저 큰 소리로 울기만 했답니다. 일일이 천을 다 들쳐볼 수가 없어서 엄마와 함께 사무실로 갔습니다. "아저씨, 우리 아빠 어디 계셔요?"

사람마다 잡고 물어보았으나 모두 정신이 없었어요. 그런데 한 아저씨가

"너희 아빠는 살아계셔. 아슬아슬하게 구조되셨지. 곧장 병원으로 옮겨졌단다."

그 후 몇 개월이 지난 후에야 아버지는 집으로 돌아오셨습니다. 그러나 아버지는 더 이상 배를 타실 수 없었지요. 아버지의 몸은 회복되었어도 마음의 병은 낫지 않으셨답니다. 그래서 늘 불안해하셨지요. 그리고 차츰 난폭해지셔서 모두 아버지를 무서워했습니다. 엄마의 예쁜 얼굴에는 늘 눈물이 고여 있었습니다. 그러나 엄마는 아버지를

극진히 섬겼답니다.

아마 아버지는 모두가 자기를 버리고 가 버릴까봐 겁이

나셨나 봅니다. 아버지는 완전히 다른 사람이 되어버리셨

지요. 마치 영혼을 마귀에게 빼앗긴 사람 같았어요. 엄마

를 심하게 때리시는가 하면 낫을 들고 죽이려고까지 하셨

으니까요. 그러한 아버지가 너무 무서와 엄마와 나는 산으로 도망을 갔습니다. 아버지는 고래고래 소리를 지르며 뒤쫓아 오셨지요. 한동안 아무 소리가 들리지 않았습니다. 아버지도 지쳐서 포기하시고 내려가셨나 봅니다. 그러나 주위는 어두워지고 배고픈 것은 참을 수가 없었습니다. 자정이 가까운 시간에 나는 엄마 등에 업혀 몰래 집으로 돌아왔습니다. 그러나 아직도 아버지는 씩씩대며 집안 곳곳을 뒤지고 계셨습니다. 그런데 이상하게도 아버지의 뒷모습은 무섭기보다 가여웠습니다.

엄마만 곁에 있으면 그 어떠한 어려움도 이겨낼 수 있었습니다. 엄마도 마찬가지였을 것입니다.

도시락에서
석유냄새가 나요

아버지는 나를 학교에 보낼 생각을 전혀 하지
않으셨습니다.

"아니, 계집애가 학교는 무슨 학교냐? 집에서 일이나 하며
엄마나 도와라."고 늘 말씀하셨지요. 그러나 엄마는
"여보, 아무리 여자라도 제 이름 정도는 쓸 수 있어야하지
않겠어요?" 하시며 아버지를 열심히 설득하셨지요. 엄마

덕분에 초등학교에 입학할 수 있었습니다. 입학식 날 바람은 아직 쌀쌀했으나 엄마의 손을 꼭 잡은 내 마음은 아주 따뜻했답니다.

"우리 순애가 벌써 학교에 입학하는구나! 어린 아기였던 것이 엊그제 같은데" 하시며 엄마는 나를 대견해하셨습니다. 다른 아이들처럼 예쁜 옷을 입지는 못했지만 나는 학교를 간다는 것만으로도 너무 기뻐서 날아오를 것 같았습니다. 그런데 그 당시엔 지금과는 달리 '육성회비'라는 명목으로 학교에 돈을 내야 했답니다. 마치 오늘날 여러분이 학원비를 내듯 말입니다. 한달에 한번씩 선생님께서 나눠주신 누런 봉투에 돈을 담아 학교에 내면 봉투에 확인 도장을 찍어주었습니다. 돈이 많은 집 아이들은 일 년 치 육성회비를 한꺼번에 냈습니다. 그러나

나는 한 달 치도 못 내서 봉투에 도장이 하나도 없었을 뿐 아니라 칠판에 내 이름이 적혀있었습니다.

육성회비 내지 않은 사람 -박순애-

육성회비뿐만 아니라 급식비를 내지 못해서 주번이 빵을 나눠줄 때면 혼자 교실을 빠져나오곤 했지요. 아무도 빵을 나눠주는 친구가 없었습니다. 반 아이들은 내게 아무런 관심도 보이지 않았답니다.

우리 집이 가난하다는 것은 누구든지 알아챌 수 있었습니다. 아이들이 가방을 메고 다닐 때 나는 보자기에 책을 싸서 등에 메고 다녔지요. 아이들이 만화캐릭터 운동화를 신을 때에 나는 검정 고무신을 신었고요. 머리핀 하나 꽂아본 적이 없었으니 도시락은 꿈도 못 꾸지요. 내 소원은 소풍가는 날 도시락을 싸가는 것이었습니다. 그러나 3년 동안 초등학교를 다니면서도 도시락을 싸간 적은 소풍 날 단 한 번 뿐이었습니다.

아이들에게 도시락을 자랑하고 싶어서
점심시간만 기다렸습니다. 김밥은 아
니지만 내 도시락엔 하얀 쌀밥이 있다
는 것을 보여주고 싶었기 때문입니다. 그날은 자신 있게
아이들 사이에 끼어 앉았습니다. 보란 듯이 도시락 뚜껑
을 여는 순간 석유냄새가 코를 찔렀습니다. 너무 속이 상
해 울음을 터뜨리고 말았습니다. 나는 집에 와서 엄마 앞
에서 창피 당 했던 것에 분풀이라도 하듯 화를 내며 엉엉
울었습니다.

그런데 도시락에서 왜 석유냄새가 났을까요?

엄마가 길을 가다보니 부잣집 대문 앞에 큰 자루가 놓여
있었는데요. 그 안에는 흰쌀이 그득했고요. 그런데 석유냄
새에 찌든 쌀이었습니다. 엄마는 그 쌀을 이고 와서 석유
냄새를 없애려고 별의별 방법을 다 썼습니다. 그리고 이
젠 냄새가 안 나겠지 하고 밥을 해서 도시락을 쌌는데 냄

새는 그대로 남아 있었던 것입니다. 그 말을 듣고 나니 엄마에게 투정을 부렸던 것이 오히려 미안했답니다.

아버지는 마음에 병이 점점 심해지셔서 점점 더 사나워지셨지요. 아버지에게 고통을 당하는 엄마가 불쌍했지만 어린 나로서는 어떻게 도와야 할지를 몰랐답니다. 온몸을 아버지에게 맞아서 걸음도 겨우 걸을 정도로 엄마는 너무나도 많이 아팠고 그 모습은 차마 바라볼 수가 없을 정도였습니다. 그런 어느 날이었어요. 학교에서 돌아오는 길에 멀리서 엄마의 모습을 발견했습니다. 평소와는 달리 힘겨운 모습으로 비틀거리며 엄마가 버스에 오르는 것이었습니다. 순간 엄마가 '나를 버리고 떠나는 구나' 하는 생각에 놀라 엉엉 울며 "엄마, 엄마!" 부르며 버스를 향해 뛰었습니다. 그러나 버스는 이미 저만치 가고 있었습니다. 손수건으로 눈물을 닦고 있는 엄마의 모습이 버스 창문을 통해 보였습니다. 내 안에 용솟음치는 눈물과 엄마를 부르는 목맨소리는 버스의 경적소리에 묻혀 먼 허공으로 사라졌습니다. 그리고 버스가 떠난 그 길가에 털썩 주저앉고 말았습니다. 이제 엄마도 떠나고 나 혼자뿐이라는 생각이 들자 하염없는 눈물만 흘러내렸습니다. 이제 이 넓은 세상에 나 혼자 남았다는 생각에 눈물이 그치지를 않았습니다. 나는 바닷가로 달려갔습니다.

두 눈은 퉁퉁 부었고, 햇빛을 받으니 눈이 부셨지요.

"엄마! 엄마! 어디 갔어요? 울 엄마." 엄마를 부르고 또 불러보았습니다. 저는 바닷가 파래와 해초를 뜯어 먹으며 한 끼 밥을 대신했습니다. 방파제에 올라가 신발을 벗고 앉아 끝없이 펼쳐진 바다를 바라보았지요. 날이 어두워 바다는 시커먼 빛이었지요.

'구룡포를 떠나면 어떨까!' 난생 처음 생각해보았습니다. 그러나 이곳을 떠나면 갈 곳은 어디일까? 엄마는 어디로 간 것일까? 외할머니 댁에 간 것일까? 외할머니 댁은 어

디일까? 허기진 배에서 들려오는 꼬르륵 소리가 얼마나

크게 들리던지요. 눈물이 말랐는지 눈물이 더 이상 나오

질 않았습니다. 방파제에서 밤을 꼬박 지냈습니다. 그 다

음날, 또 그 다음 날도 방파제로 갔습니다. 혼자 쪼그리고

앉아 맘껏 울기엔 아주 적당한 곳이지요.

엄마가 떠나간 후 달라진 것은 무엇일까요? 제가 따뜻한

밥을 더 이상 먹을 수 없다는 것과 학교에 계속 다닐 수

없다는 것이었습니다. 초등학교도 제대로 졸업하지 못하

고 겨우 3학년까지만 공부한 것이지요. 게다가 엄마가 아

빠에게 고통을 당하는 날이면 학교에 가지 못했기

에 결석을 밥 먹듯이 했으니 실제로 학교에 다닌

것은 얼마 되지 않아요. 그러다보니 공부를 제

대로 했을 리가 없지요. 그래도 내 이름 석

자 쓸 수 있게 되었으니 다행이었습니다.

빈 깡통에
예수님의 사랑이 담겼어요

계속 밥을 굶을 수도 없었습니다. 빈 깡통을 하나 구해 깨끗이 씻어 들고 이집 저집 다니기 시작했습니다.

"아줌마, 저......찬 밥이라도 좀 주세요. 배가 너무 고파요."

나를 아는 아주머니들은 안타까운 표정으로 한참 보시더니 식은 밥을 담아 주셨습니다.

"네 엄마가 집을 나가셨다더니 정말인 모양이구나. 쯧쯧."

그러나 알지도 못하는 집에 들어가 밥을 구할 수는 없었
어요. 그렇다고 갔던 집을 여러 번 갈 수도 없었지요. 그
시대에는 대부분이 가난하게 살았기 때문에 나에게 밥을

퍼주는 것이 부담이 되었으니까요. 이제 그만 오라는 말

씀은 안하셨지만

"다른 집에도 가보지 그러니?"

하면서 어색한 표정을 지으셨지요. 배고픈 것보다 더 참

기 힘든 것은 엄마가 보고 싶은 것이었습니다. 늦은 저녁

따뜻한 불빛이 창문 틈새로 새어나오고 가족들의 웃음소

리, 이야기 소리가 들려올 때면 내가 성냥팔이 소녀 같다

는 생각이 들었습니다.

그래도 용기를 내서 울타리 안으로 들어서면 아예 부엌문

을 닫아버리는 집도 있었습니다. 배가 주려 허리도 똑바

로 펴지 못한 채 돌아서는데 구정물통 *음식물쓰레기통 이 눈에

띠었습니다. 갖가지 음식 찌꺼기가 냄새를 풍기고 있었

지요. 워낙 배가 고프다보니 아무 생각 없이 한 움큼 건져

입에 넣었습니다. 한 번으로는 양이 차지 않아 연거푸 손

을 넣었지요. 눈물과 범벅이 된 음식 찌꺼기를 먹은 그날

밤 바닷가에 가서 모두 토해버리고 말았습니다. 그러나 상한 음식은 토해낼 수 있었지만 내 슬픔은 토해낼 수가 없어 고스란히 내 가슴 속에 깊이 담아 두어야 했습니다.

날이 갈수록 빈 깡통으로 집에 돌아올 때가 많았습니다. 찬바람에 깡통을 든 손이 시렸습니다. 시간이 갈수록 차가운 기운이 온 몸에 퍼지더니 남의 집 벽에 기댄 채 얼어붙고 말았지요. 그 상태로 밤을 꼬박 새운 것입니다. 다음 날 아침 그 집 아주머니가 아침에 문을 여는 순간 제가 그 앞에 풀썩 쓰러지고 말았습니다. 그 날 이후 일 주일동안 앓아누웠지요. 이 소문이 동네에 퍼졌나 봅니다. 그 후로는 밥을 얻으러 어떤 집을 가도 구박하는 집이 없었어요.

어느 날이었어요. 그 날도 깡통을 들고 이 집 저 집 대문을 기웃거렸지요. 그 때 어디선가 종소리가 은은하게 들

려왔어요. 저는 종소리를 따라 갔습니다. 작은 교회였지요. 그 당시엔 예배당이라고 불렀답니다. 〈구룡포 교회〉라는 간판이 붙어있었어요. 교회 마당으로 들어서니 할아버지 한 분이 종을 치고 계셨어요. 사람들을 따라 교회 안으로 들어갔어요. 모두 손에 성경책을 들고 있었지만 내 손에는 빈 깡통이 들려있었지요. 예배당 바닥에는 방석이 줄지어 놓여있었습니다. 난 눈치를 보듯 주위를 살핀 후 맨 뒤에 자리를 잡았습니다.

예배가 끝나고 나니 모두에게 죽을 한 그릇씩 나눠주는 것이었습니다. 죽 세 그릇을 먹고 주린 배를 채우고 나니 교회에 오길 잘했다는 생각이 들었습니다. '교회에 가면 먹을 것을 주는구나!' 라고 생각하니 주일이 되기만을 기다렸습니다. 예배시간이 길어서 지루하기 짝이 없었지만 그 정도야 충분히 이겨낼 수 있었답니다.

교회에서 죽을 얻어먹기 시작한지 한 달이 지났습니다.

어떤 분이 오셔서 "애, 너는 어린이니까 주일학교에 다녀

야지." 나는 주일학교에서도 당연히 먹을 것을 준다고 생

각했습니다. 그 다음 주부터는 주일학교 예배시간에 맞추

어 교회에 갔습니다. 그런데 전혀 상상도 못한 일들을 겪

게 되었답니다. "애들아, 재좀 봐!"

"어! 쟤 거지아냐?"

"아유~냄새."

아이들 모두가 나를 벌레

보듯 피하고, 냄새가 난다

는 둥, 거지라는 둥 하며

손가락질을 했습니다. 수

십 명 아이들이 몰려와

나를 에워싸고 놀려

대기 시작했어요.

"선생님, 얘네 엄마 도망
가고 없어요."

"얘네 아빠 이상한 사람이
에요."

"얘는 학교도 안다녀요."

"얘는 거지에요. 우리 집에
도 밥 얻으러 왔었어요."

"길가에서 더러운 것 주워 먹고요, 쓰레
기통에서도 꺼내 먹는 것을 봤어요."

"으악! 토 할 것 같아. 애 빨리 가라고 하세요."

아이들의 말을 듣고 있던 나는 그동안 참았던 설움이 한

꺼번에 터졌습니다. 눈물과 코가 범벅된 내 얼굴을 보고

더럽다며 아이들은 더 난리법석을 떨었지요. 이제 죽 얻

어먹을 곳도 없게 되었구나 생각하고 교회에서 뛰쳐나왔

습니다. 한 참을 울면서 걸어가는데 누군가 뛰어오는 발

자국 소리가 나더니만 내 앞을 가로막아 섰습니다.

주일학교 선생님이셨지요.

"네 이름이 순애라고 했지?"

"……"

"순애야, 우리 예배드리러 가자!"

나는 울먹거리며

"친구들이 저를 오지 말라고 해요."

"친구들은 너를 싫어해도 예수님은 너 같은 아이를 더욱

사랑하신단다."

선생님께서는 나를 꼭 안아주셨습니다. 나는 울음 섞인

목소리로 "엄마!"를 부르며 선생님 가슴을 파고들었습니

다. 선생님도 눈물을 흘리셨습니다. 아이들이 나를 얼마

나 싫어하는지 다 알고 계신 것 같았지요.

난 그때 예수님이라는 이름과 그분이 나를 사랑하신다는

말을 처음 들었습니다. 아마 다른 사람이 이런 말을 했다면 믿지 않았을 것입니다. 그러나 내 손을 꼭 잡아주고, 나를 안아주시고, 눈물까지 흘리신 선생님의 말을 어떻게 안 믿을 수가 있을까요!

내가 선생님 손을 붙잡고 예배당 안으로 들어서자 아이들은 수군거리기 시작했습니다.

"쟤 또 왔다."

"창피하지도 않은가봐."

그러나 그 아이들이 두렵지 않았습니다. 나를 사랑하시는 분을 만나기 위해 당당하게 예배당에 들어왔기 때문입니다. 선생님께서는 나를 각별히 보살펴 주셨습니다.

그리고 "순애야, 저기가 선생님 집이거든. 배가 고프면 언제라도 우리 집에 오렴."그러더니 선생님께서는 내 두 손을 한참 들여다보았습니다. 때가 묻고 굳은살이 박인 손이 부끄러워서 숨기려고 하자 얼른 내 손을 덥석 잡아주

셨어요.

'이렇게 더럽고 못생긴 손을 잡아주시다니!'
게다가 선생님은 내 몸을 닦아주시고, 머리
카락도 감겨주셨습니다. 묵은 때를 말끔히
벗겨내시느라 이마에 땀방울이 송송 맺히셨지요. 그리고
내게 맞는 옷을 구해서 입히셨습니다. 예수님이 엄마 대
신 선생님을 보내주신 것 같았습니다. 말끔해진 내 모습
을 보고 아이들은 더 이상 흉을 보지 않았습니다. 선생님
을 통해 예수님의 사랑이 무엇인지 조금이나마 깨달을 수
있었지요. 그러나 배가 고파도 차마 선생님 댁에는 갈 수
가 없었습니다. 문 앞까지는 갔지만 문을 두드릴 자신이
없었어요.

빈 깡통을 들고 밥을 얻으러 다닐 때 나를 대하던 사람들
의 모습이 생생하게 떠올랐기 때문입니다. 그 분들도 처
음엔 나를 가엽게 여기고 친절하게 대했지만 자꾸 가니

까 귀찮다는 표정을 지었고, 나중엔 아예 문도 열어주지 않았거든요. 나는 선생님도 혹시 나를 귀찮아하면 어쩌나 겁이 났어요. 선생님이 보여주신 사랑이 비눗방울처럼 터져버리면 어쩌나 하는 걱정이 되었지요. 그런데 어느 날 선생님께서는

"순애야! 왜 우리 집에 안 왔니? 밥 먹으로 언제든지 오라고 했는데."

오히려 내가 선생님 댁에 가지 않아 섭섭하다는 듯이 말씀하셨습니다.

학교를 안 다니니 시간이 참 많았습니다. 일주일에 한 번 교회에 가는 것이 제일 기쁜 일이었지요. 그래서 심심할 때면 엄마와 함께 갔던 길들을 혼자 거닐곤 했답니다. 엄마랑 자주 가던 밭길을 따라가면 하늘 높이 솟은 커다란 굴뚝이 보였습니다. 집집마다 있는 굴뚝과는 비교도 할 수 없을 만큼 커서 공장 굴뚝인 줄 알았답니다. 그 굴뚝

주변에는 진달래가 많이 피어있었지요. 엄마와 함께 진달

래 꽃잎을 따먹던 것이 엊그제 같은데 지금은 나 혼자였

습니다. 굴뚝에서 피어오르는 연기를 하염없이 바라보다

가 벌떡 일어나 그 곳으로 가 볼 생각을 했습니다. 저 정도로 많은 연기가 나온다면 아마 먹을 것을 엄청나게 많이 만들고 있을지도 모른다는 생각에서였지요. 동네에서도 아침저녁 굴뚝에 연기가 날 때면 구수한 밥 냄새와 찌개 냄새도 같이 나곤 했거든요.

그 곳엔 할아버지 한 분이 손에 긴 쇠꼬챙이를 쥐시고 큰 화덕에 불을 때고 계셨어요. 나중에 알고 보니 그 곳은 화장터였습니다. 죽은 시체를 태우는 곳이지요. 장작불로 천천히 태우기 때문에 관 하나를 태우려면 아홉 시간이 넘게 걸린다고 했습니다. 소리 없이 할아버지 옆에 가서 앉았습니다.

할아버지께서

"애야, 이름이 뭐냐?"

"제 이름은 박순애에요."

"그래, 참 예쁜 이름이구나. 여긴 뭘 하러 왔니?"

"엄마 생각이 나서 와본 거 에요. 그런데 할아버지, 저 배가 너무너무 고파요. 아직까지 아무 것도 먹지 못했거든요."

"아니... 이 시간까지 뭐하느라 배를 못 채웠어?" 하시며 시루떡을 건네 주셨습니다. 말라서 딱딱해진 떡을 허겁지겁 게 눈 감추듯 먹는 내 모습을 측은하다는 듯 바라보셨지요. 배가 고플 때마다 찾아갈 곳이 또 생긴 셈이지요. 할아버지께서는 내가 오면 주려고 떡을 챙겨놓곤 하셨습니다. 그러나 항상 먹을 것이 있는 것은 아니었습니다. 굴뚝에 연기가 나지 않을 때에는 감자를 구워주셨습니다. 감자를 구우시던 할아버지께서 한 숨을 쉬며 말씀하셨지요.

"요새는 일감이 없어서 네게 줄 것이 없구나."

일감? 할아버지의 일감이라면 관속에 든 시체인데, 그러면 사람들이 많이 죽어야겠네!

할아버지를 돕고 싶어서 주일학교에서 배운 대로 할아버

지 손을 붙잡고 기도를 했습니다.

"내일은 꼭 사람이 죽게 해주세요."

할아버지도 나를 따라 큰 소리로 "아멘!" 하셨어요.

할아버지께서 웃으시며 물으셨습니다.

"기도를 하면 정말 이뤄지는 거냐?"

"그럼요!"

하나님께 기도하면 모두 이루어주신다는 주일학교 선생님의 말씀을 나는 확실히 믿었습니다. 그래서 엄마를 만나게 해달라는 내 소원을 하나님께서 반드시 들어주실 것이라고 믿었습니다.

기도로 꿈을 이룬
어린이 절대 희망

*

내 모습 그대로
사랑하시는 하나님
2부

2부
내 모습 그대로 사랑 하시는 하나님

내 보물이 부서졌어요

우리 몸은 하나님이 주신 선물입니다. 그리고 우리 몸 가운데 어느 부분은 사랑하는 단 한 사람에게만 주어야 할 선물이지요. 그 선물이 얼마나 귀한 것인 줄 모르고 포장을 뜯어버리거나 아무에게나 내 던지면 그 선물은 깨지거나 더렵혀지기도 하지요. 그런데 슬프고도 무서운 사실은 그 선물을 힘으로 빼앗는 사람들이 있다는

것입니다. 특히 어린 사람들은 자기의 보물이 빼앗기고 부서지는 데도 "안돼요!"라는 말조차 하기 힘들 때가 있답니다. 내가 바로 그와 같은 일을 당했지요. 지금도 생각하면 마음이 아프고 속이 상합니다. 아버지의 처음 부인이 낳은 아들 하나와 딸 둘이 있었다고 했지요. 그 가운데 제일 큰 아들인 큰 오빠는 나보다 스물다섯 살이나 더 많았지요. 그런데 어른인 큰 오빠가 열세 살 여동생의 가장 귀한 보물을 짓밟고 더럽혀 놓았답니다. 그것도 하루 종일 뛰어다니다 지쳐 쓰러져 자는 동안에 말이에요. 나는 너무 무서워서 제발 꿈이었으면 좋겠다고 생각했지요. 그러나 꿈이 아니었답니다.

너무 무섭고 슬퍼서 바다로 달려갔습니다. 내 몸에 엄청난 일이 생긴 것입니다. 오빠가 하나님께서 모든 여자에게 주신 선물을 자기 욕심 때문에 함부로 깨뜨려 버린 것입니다. 얼마나 무섭고 떨리던지 나는 바다로 가서 파도

소리 보다 더 큰 소리로 울기 시작했습니다. 엄마가 집을

떠났을 때에도 찾아갔던 곳이지요. 나는 아무 생각 없이

바다 속으로 첨벙첨벙 들어갔어요. 엄마를 부르며 엉엉

우는 내 입속으로 차갑고 짠 바닷물이 들어왔어요. 얼마나 깊이 들어갔는지 알 수도 없었습니다. 몸이 둥둥 뜨는 느낌이었고 가슴에서 출렁이던 물은 어느새 목에 닿았습니다. 내 작은 몸이 물속에 완전히 잠기는 순간 아무런 생각이 나지 않았습니다.

시간이 얼마나 지났을까? 눈을 뜨고 보니 내가 바닷가 모래위에 누워있었습니다. '내가 왜 여기 누워있을까!' 내리쬐는 햇볕이 너무 강해 눈을 뜨기도 힘들었지만 정신을 모아 기억을 더듬어 보았습니다. 아하! 큰 오빠 때문이었어! 큰 오빠가 내게 한 일이 떠오르자 다시 바다 속으로 뛰어들었습니다.

그 순간 주일학교 선생님의 목소리가 떠올랐습니다.

"여러분, 여러분 소원을 모두 하나님께 말씀드리세요. 하나님께서는 여러분의 기도를 다 들으신답니다. 그리고 그 기도를 절대 잊지 않으시고 언젠가는 꼭 이루어 주실 것입니다."

'내 소원? 그래, 내 소원은 우리 엄마를 다시 만나는 거야.

하나님, 우리 엄마를 꼭 만나게 해주세요.'

그 순간 엄마의 환한 미소가 떠올랐습니다. '하마터면 큰

일 날 뻔 했네. 내가 죽으면 엄마를 만날 수 없잖아!'

엄마를 찾아서

열세 살까지 자라온 구룡포, 이제 이곳을 떠날 때가 되었습니다. 옆집 아주머니가 슬며시 날 불렀습니다.

"순애야, 이리 좀 와 보거라. 네 엄마가 보낸 편지다."라며 엄마에게서 온 편지를 건네주었습니다. 편지에는 엄마가 있는 외갓집까지 어떻게 가야할지 자세히 적혀 있었습니다. 엄마의 부탁을 받은 아주머니께서 차비를 마련해주셨습니다. 그러나 주의 할 것은 아버지 몰래 와야 한다는 것이었어요.

영덕으로 가는 직행버스표를 산 후 버스가 오기를 기다리고 있었습니다. 드디어 엄마를 만날 수 있다는 생각에 너무 신이 나서 가만히 앉아 있기가 힘들 정도였습니다. 옷보따리를 가슴에 안은 채 목을 빼고 버스가 언제 오나 보고 있었지요. 바로 그 때 내 앞을 가로막는 사람이 있었는데 바로 그 무서운 아버지였습니다. 몰래 도망치는 나를 향해 금방이라도 호통을 치면서 따귀라도 한 대 때리실 줄 알았지요. 그런데 이상하게도 아버지는 평소와는 달리 술도 취하지 않으셨고 눈에 눈물까지 글썽하여 물으셨습니다.

"너, 엄마한테 가는 거지?"

겁이 잔뜩 난 기어들어가는 목소리로 "네"라고 대답했지요.

"나도 같이 가야겠다."

아버지의 목소리에서는 꼭 같이 가고야 말겠다는 굳은 결심이 담겨 있었습니다. 아버지와 함께 버스를 타고 가면서 내내 엄마가 이 사실을 아시면 얼마나 놀랄까 걱정이 되어 안절부절 못했습니다. 그러나 구룡포를 벗어나 만나게 될 세상에 대한 기대감도 컸습니다. 무엇보다 보고 싶은 엄마를 만나게 된다는 것에 가슴이 터질 것 같았답니다.

날이 저물 무렵에야 엄마의 고향인 청송에 도착했습니다. 그러나 이곳에서도 한참 더 걸어 들어가야 했지요. 울퉁불퉁 구불구불 산길을 얼마나 많이 걸었던지 고무신 속 발가락들이 완전히 뭉그러진 듯했습니다. 어둠을 밝히는 전기불이 간간히 켜져 있는 읍내를 지나니 큰 강이 나타났습니다. 긴 다리를 건너고 나니 또 산이 나타났습니다. 사방이 온통 깜깜하여 어디가 길인지 알 수가 없었습니다. 아버지와 나는 길옆에 앉아 잠시 쉬었습니다. 엄마를 빨리 보고 싶다는 생각에 다시 발걸음을 재촉했지요. 마지막 고개를 넘으니 마을이 나타났습니다. 아버지의 걸음도 빨라지셨지요. 드디어 산기슭 작은 오막살이 초가집앞에 섰을 때

"다 왔다! 여기가 네 외갓집이다."

아버지의 말이 떨어지기가 무섭게 마당으로 달려 들어가 큰 소리로 연거푸 엄마를 불렀습니다. 문풍지 너머로 두런두런 이야기 소리가 멈추더니 방문이 활짝 열렸습니다.

"엄마! 엄마! 우리 엄마!"

내 목소리는 울음에 절어 있었습니다. 그때였어요. 엄마가 맨발로 뛰어나와 나를 얼싸안았지요. 엄마를 만나고 싶다던 기도가 이루어지는 순간이었습니다.

"아이고! 내 새끼야. 우리 순애가 여기가 어디라고 이 먼 길을 엄마를 찾아 왔구나. 우리 순애가......"

엄마는 나를 꽉 끌어안고 큰 소리로 우셨습니다.

"엄마, 엄마 나 잊었지?"

"아니, 잊다니. 하루도 우리 순애를 생각하지 않은 날이 없단다. 널 생각하며 옷까지 만들었는걸."

엄마와 내 얼굴은 눈물로 온통 범벅이 되었습니다. 우느라 정신이 없어 아버지와 함께 왔다는 사실조차 잊을 뻔 했습니다. 은근히 걱정도 되었지요. 아버지를 피해 외갓집에 간 것인데 함께 왔으니 말입니다. 엄마와 아버지는 서로 물끄러미 바라만 볼 뿐 아무 말이 없었습니다. 아버지는 성큼 안으로 들어가시더니 외할아버지와 다른 외가 식구들에게 큰 절을 올렸습니다. 아버지의 모습을 보니 그동안 많이 늙으셨습니다. 그동안 자신의 행동이 너무 부끄럽고 미안하여 어쩔 줄을 모르는 듯 했습니다. 엄마가 밥상을 차려 오셨고, 아버지와 나는 하

루 종일 굶어 눈 깜짝할 사이에 상 위의 음식을 후딱 먹어치웠습니다. 그러나 외가식구들은 아버지에게 말 한마디 건네지 않았으나 아버지는 아랑곳 하지 않으셨습니다.

나는 그제야 발가락 아픈 것이 느껴졌습니다. 엄마에게 발가락을 내밀어 보이니 엄마가 다시금 눈물을 글썽이며 내 등을 쓸어내리시더니 정성껏 치료하여 주셨습니다. 정말 오랜만에 밥상에 차린 밥을 먹고 나니 잠이 쏟아졌습니다. 엄마의 무릎을 베고 잠이 든 그날 저녁 나는 세상의 그 무엇도 부럽지 않았습니다.

우리 가족은 외가가 있는 황골에서 조금 떨어진 곳 예텃골에 쓰러져가는 초가집에 둥지를 틀고 살게 되었습니다. 오랫동안 사람이 살지 않았는지 지붕도 금방 내려앉을듯하고, 벽은 여기저기 무너졌으며, 장판은 고사하고 문종이도 다 떨어져 나갔습니다. 그래도 부엌엔 커다란 가마

솥이 걸려 있었지요. 구룡포의 생활과는 너무도 달라 모든 것이 낯설고 불편했지만 달라진 아버지의 모습을 보면 마음이 가벼웠습니다. 외갓집식구들도 아버지가 달라졌다며 다정하게 대하기 시작했어요.

그런데 어느 정도 시간이 지나고 예텃골 생활에도 익숙해질 무렵 아버지가 다시 술을 마시기 시작했습니다. 그동안 참고 참아 마시지 못한 술까지 다 드시는 것 같았어요. 아버지는 술을 마시면 완전히 다른 사람이 되어버립니다. 아버지는 또 엄마를 때리기 시작하셨지요. 더욱 더 사나워지셔서 지개몽둥이로 엄마를 내리칠 때도 있었습니다. 엄마에겐 지옥과 같은 삶이 다시 시작된 것입니다. 이러한 장면을 하도 많이 보아 그런지 아버지가 더 이상 무섭지도 않았습니다. 그러나 엄마는 고통을 견디지 못하고 다시 외갓집으로 피하셨습니다. 그 후 엄마는 어느 집 식모살이^{*남의 집에 고용되어 주로 부엌일을 맡아 하는 생활 가사도우미} 로 가셨습니다. 그래서 나는 엄마와 또 헤어지게 되었답니다. 이번엔 몰래 가시지 않고 내게 사정을 하셨지요. 너무 고통스러워서 도저히 아버지와 같이 살 수 없으니 몇 년 동안 식모살이를 하다가 나를 데리러 오겠다고 약속하셨습니다. 나는 엄마와 또 떨어지고 싶지 않아서 악착같이 엄마 뒤를 따라갔고 엄마는 나를 설득하여 돌려보내려 애썼지요. 그러나 엄마가 계속 고통을 당하면 죽을지도 모른다는 생각 때문에 슬픔을 참으려 애썼습니다. 구룡포에 살았을 때는 슬플 때마다 찾아갈 바닷가라도 있었지만 이곳은 사방이 산으로 둘러싸여 있어서 갑갑하기만 했습니다.

엄마가 행방을 감추신 것을 아신 아버지는 다시 술을 끊으셨습니다.

열네 살의 신데렐라

엄마가 보고 싶을 때마다 커다란 소나무 아래 앉아 별을 보며 울었습니다. 어쩌면 이번에는 몇 년이 지나야 엄마가 나를 데리러 올지 모른다는 생각에 눈물이 그치지를 않았습니다. 그런데 생각보다 훨씬 빨리 엄마에게서 연락이 왔습니다. 아버지가 집에 없을 때 어떤 사람이 날 엄마에게 데려갔지요. 그곳은 경상북도 안동군 *지금은 안동시 이었습니다. 엄마는 이미 그 동네에서 식모생활을 하고 있었지요. 남의 집 마당에서 엄마와 나는 서로 안고 엉엉 울었습니다. 엄마는 미안하다는 말을 계속 하셨지요.

그러나 엄마와 같이 있는 것도 잠깐, 또 다시 헤어져야 했습니다. 나도 엄마처럼 남의 집에 정식으로 식모살이를 해야 했기 때문이지요. 열네 살 때 시작된 식모살이는 열여섯 살까지 계속되었습니다. 같은 또래의 아이들은 모두 중학교를 다니는데 나는 알지도 못하는 집에 들어가 밥하고, 빨래하고, 청소하고 늘 굶주렸지요. 밤마다 골방에서 소리를 죽이며 울곤 했습니다.

일은 열심히 했으나 먹을 것이 충분하지 않았습니다. 밥 대신 누룽지로 끼니를 채웠지요. 배가 너무 고파 주인 몰래 남은 음식을 먹다가 들켜 여러 번 매를 맞기도 했습니다. 그러나 가장 힘든 것은 추운 겨울에 빨래하는 것이었

지요. 빨랫감을 양동이에 담아 머리에 이고 강가로 갑니
다. 강물은 꽁꽁 얼어붙어서 빨래를 하려면 얼음을 깨야
했지요. 그렇게 온종일 앉아 빨래를 합니다. 검정고무신
을 신은 발은 이미 동상에 걸렸고, 맨손으로 빨래를 하다
보니 양손이 벌개졌습니다.

빨래를 마치고 저녁밥을 지으려면 가마솥에 불을 지펴야 했지요. 불을 지핀 후 꽁꽁 언 발을 녹여보지만 아무런 느낌이 없었습니다. 양말에 불이 붙었는데도 뜨거운 줄을 몰랐거든요. 양말을 태우면 주인아주머니에게 매를 맞았습니다. 그런 날은 너무 서러워서 쌓아둔 쌀가마니 옆에 헌 이불을 덮고 누워서 목 놓아 울었습니다.

고생은 나날이 심해지고 앞날에 대한 두려움이 커지자 나도 모르게 바닥에 엎드려 하나님께 울면서 기도했습니다.

"하나님, 전에도 제 기도를 들어주셨지요? 엄마를 만나게 해주셨잖아요. 이번에도 또 엄마를 만나게 해주세요."

나는 엄마가 너무 보고 싶어서 견딜 수가 없었습니다. 그러던 어느 날 정말 엄마가 내 앞에 나타나셨습니다.

"엄마! 엄마!"

절로 눈물이 흘렀습니다.

"순애야, 미안하다. 이 어린 것이 무슨 죄가 있어서 이 고

생을 하게 하다니......"

울고 있는 엄마의 얼굴에 주름이 보였습니다. 고운 엄마 옷이 더렵혀질까 걱정도 되었지만 그대로 달려갔지요. 그런데 엄마의 말은 정말 뜻밖이었습니다.

"네 아버지가 많이 편찮으시단다. 순애야, 이제 우리 집으로 가자."

"엄마, 정말? 그런데 아버지 많이 아파?"

엄마는 나를 껴안고 우셨습니다.

3년 만에 다시 찾는 집이었지요. 낡은 초가집을 떠난 지 벌써 3년이 되었지요. 혼자 지내셨던 아버지는 엄마와 제 손을 잡고 우셨습니다. 저희 세 식구가 모두 울었습니다. 아버지는 다시는 술을 마시지 않겠다고 다짐하셨습니다. 아버지께서 정말 술을 끊으셨고 우리 집에는 오랜만에 평화와 행복이 깃들었습니다. 아버지는 외갓집 일도 도우시며 열심히 일하셨습니다. 혹시 장에 가거나 외갓집에서

누군가 술을 권하는 일이 있어도 거절하셨지요. 아버지는

송아지를 키우셨는데 얼마나 송아지를 예뻐하셨는지 모

릅니다.

더욱 놀라운 것은 학교 보내는 것도 달가워하시지 않던

아버지께서 읍내까지 나가셔서 천자문책과 옥편, 노트와

연필을 사다주셨다는 것입니다. 열심히 공부하라며 머리

까지 쓰다듬어 주시자 아버지를 향한 미움과 두려움이 순

식간에 사라지는것 같았습니다. 엄마 아버지의 다정한 모

습을 보면서 책도 읽고 일기도 쓰는 것이 매우 행복했습

니다. 철자법이 엉망이었지만 엄마와 아버지는 칭찬을 해

주셨습니다.

하나님은 정말 살아계실까?

어느 날 엄마가 큰 오빠 이야기를 하셨습니다. 큰 오빠라는 말만 들어도 등이 오싹할 정도로 무서웠습니다. 그리고 오빠로 인한 슬픈 기억이 되살아났습니다. '엄마가 왜 큰 오빠 이야기를 할까?' 불안한 마음이 들었지요.

"순애야, 너 큰 오빠 집에 좀 가있어야겠다."

아버지 말씀에 가슴이 철렁했습니다.

"큰 오빠네 집에요?"

"그래, 네 올케 *올케나 남동생의 아내 가 병원에 입원했다는구나. 애들을 오빠가 혼자 챙기기 힘드니 네가 가서 도와줘라."

큰 오빠는 결혼을 하여 아이들과 함께 지리산에 살고 있었습니다. 초등학교와 중학교에 다니는 조카들을 돌봐주러 가야했습니다. 다른 것은 그 무엇이라도 이겨낼 수 있겠는데 이것만은 도저히 할 수 없을 것 같았습니다.

큰 오빠 이름만 들어도 몸이 덜덜 떨리는 데 그 집에 가서 지내야 하다니 도저히 견딜 수가 없을 것 같았습니다. 제발 그곳에 가지 않게 해달라고 얼마나 많이 기도했는지 모릅니다. 그런데 이번에는 하나님께서도 도와주시지 않을 것 같았습니다. 아버지 역시 몸이 많이 편찮으셔서 아버지의 말씀을 안들을 수가 없었습니다. 하나님께서도 내가 그 곳에 가기를 바라시는 것은 아닌가 생각하고 가겠다고 말씀드렸습니다.

그러나 아무에게도 말할 수 없는 두려움을 떨쳐낼 수는 없었습니다. '어쩌면 큰 오빠가 그 때 정신이 약간 이상해져서 그랬을 거야. 지금은 달라지셨을 거야' 하며 용기를 냈습니다. 외갓집을 찾아올 때엔 아버지와 함께 왔지만 지리산 큰 오빠 집은 혼자 힘으로 찾아가야 했습니다. 지리산 자락에 도착했을 때는 이미 날이 어두워져서 사방을 분간하기 힘들었습니다. 식당과 민박집 간판이 보였을 뿐 온통 산이었지요. 어느 방향으로 가야할지 알 수가 없어서 멍하니 서있었습니다. 그때 꼬마 둘이 와서 내가 바로 순애고모인지 물었습니다. 눈빛을 보자마자 큰 오빠 아이들이라는 것을 알 수 있었습니다. 중학생인 큰 조카는 제법 컸으나 초등학교 1학년인 막내는 아직 아기 같았습니다. 게다가 옷차림도 꾀죄죄한 것이 내 어린 시절을 떠올리게 했습니다. 조카들을 따라 가보니 금방이라도 쓰러질 것 같은 작은 집이 나타났습니다. 집 크기의 반 정도나 되

는 큰 바위가 마당을 차지하고 있고, 여기

저기 울퉁불퉁한 돌들이 튀어나와

있기 때문에 아이들에게는 위험

할 것 같았습니다.

그런데 집 한모서리에 〈뱀탕〉이라고 쓰인 간판이 걸려있

었답니다. '뱀이라는 말만 들어도 소름이 끼칠 정도인데

큰 오빠가 뱀탕 집을 한다면...' 집 곳곳에 뱀이 많이 있을

것이라는 생각에 온몸이 오싹해졌지요. 외갓집 근처 예텃

골 초가집에서도 뱀 때문에 악몽을 꾸곤 했었는데 말입니

다. 두리번거리고 보니 마당에 큰 솥이 여러 개 걸려있었

습니다. 겁먹은 것을 애써 감추면서 조카들에게 물었지요.

"뱀들이 어디 있니?"

조카들은 아무렇지 않다는 듯 부엌과 옆방을 손가락으로

가리켰습니다. 그렇다면 이제 부엌도 못가고, 옆방에도

못 가겠구나 생각했지요. 조카들에게 물었습니다.

"너희들은 뱀이 무섭지 않니?"

"고모, 뱀이 왜 무서워요?"

조카들은 오히려 내가 이상하다는 듯 빤히 쳐다보았습니다. 어릴 때부터 늘 봐왔기 때문에 무섭지 않다고 하더군요.

다행히 큰 오빠 집 뒤편으로 멀찍이 십자가가 보였습니다. 십자가를 보니 너무도 반갑고 감사해서 새 힘이 솟는 듯 했습니다. 새벽녘엔 교회 종소리가 나를 잠에서 깨웠습니다. 교회를 향하는 걸음이 얼마나 가볍던지 예전에 엄마를 찾아 외갓집을 갈 때를 떠올렸습니다. 교회 마당을 밟는 순간 눈물이 왈칵 쏟아졌습니다. 엄마를 만났을 때 반가우면서도 왜 날 버리고 갔냐고 물었던 것처럼 교회에 와서 무릎을 꿇는 것이 기쁘면서도 하나님이 원망스러워 이렇게 물었습니다.

"하나님, 저를 정말 사랑하시나요?

하나님, 지금도 여전히 저를 사랑하시나요?

하나님 지금도 저를 지켜보고 계신가요? 그렇다면 저를

지켜주세요. 그리고 빨리 이곳을 떠나 엄마 곁으로 가게

해주세요."

 큰 오빠 집에 머무는 동안 새벽기도
회에 한 번도 빠지지 않았습니다. 조
카들이 학교에 가고나면 얼른 교회로 달려가 그 곳에서
하루 종일 있었습니다. '아무도 없는 집에서 혹시 큰 오빠
랑 단 둘이만 있게 되면 어떻게 하지?

걱정도 되고 겁도 났기 때문이지요. 밤이면 걱정이 더 많
아졌습니다. 모두가 한 방에서 자야하기 때문에 내가 어
디에 누워야 제일 안전할지 곰곰이 생각을 해야 했거든
요. 큰 오빠는 방 안쪽으로 쑥 들어가 벽 옆에 누웠고, 그
옆에 조카 둘이 누웠습니다. 나는 문이랑 제일 가까운 쪽
에 잔뜩 몸을 웅크린 채 누웠지요.

큰 오빠는 늘 밤늦게 집에 들어왔습니다. 그러던 어느 날
큰 오빠는 평소보다 더 늦게 집에 돌아왔습니다. 옆에서
무슨 일이 벌어져도 알 수가 없을 정도로 조카들은 잠에
깊이 곯아떨어졌습니다. '큰 오빠가 또 내게 이상한 행동

을 하면 어쩌지?' 간을 졸이고 있었습니다. 역시 큰 오빠는 자고 있는 조카들을 번쩍 들어 자리를 바꾸는 것이었습니다. 빨리 그 자리를 피해야겠다는 생각이 들었습니다. 그 자리를 벗어나야만 지난번과 똑같은 일을 당하지 않을 수 있기 때문입니다. 곰곰이 생각한 후 좋은 생각이 번뜩 떠올랐습니다.

"아이고, 배야!"

하며 배가 갑자기 아픈 것처럼 허리를 구부리고 배를 움켜쥐고 일어났습니다. 그리고 방에서 나오자마자 즉시 교회로 달려갔고 그곳에서 밤을 지냈습니다. 교회는 나에게 가장 안전한 곳이었습니다. 다음 날부터는 내가 뱀을 보관한 뱀 방에서 자겠다고 오빠에게 말했습니다. 내가 뱀을 얼마나 무서워하는지 잘 알고 있는 오빠가 믿지 못하겠다는 눈빛으로

"정말 뱀 방에서 자겠다는 말이냐?"

그동안 뱀 방 문은 물론 근처에도 못 갔던 내가 스스로 뱀 방에서 자겠다는 이유를 모르겠다는 표정이었습니다. 뱀이 갑자기 안 무서워질리가 있겠습니까? 뱀보다 오빠가 더 무서웠기 때문이지요.

뱀 방문을 열고 들어가니 생각보다 훨씬 깨끗하고 넓었습니다. 기역자 모양으로 뱀 궤짝들이 잘 짜여 정돈되어 있었습니다. 수십 마리의 뱀들이 뒤엉켜 있는 모습이 보였습니다. 물론 철망 안에 갇혀 있었지만 금방이라도 방바

덕에 쏟아질 것 같았지요. 또 낯선 고약한 냄새도 나는 것

같았어요. 하지만 둘 가운데 하나를 선택해야 합니다. 오

빠 옆에서 자던지 뱀 방에서 자던지. 무서움을 없애기 위

해 온종일 뱀 방을 들락거렸습니다. 그랬더니 무서움이

조금 사라지는 것 같았습니다.

학교에서 돌아온 조카들은 뱀 방문이 열린 것을 보더니

깜짝 놀랐습니다.

"고모! 거기 어떻게 들어갔어?"

"오늘부터 여기서 잘 거야."

"뱀을 그렇게 무서워하면서 뱀이랑 잔다고? 장난이지?"

조카들은 내가 뱀 방에서 잔다는 것을 도저히 믿을 수 없

다는 듯 피식 웃었지요.

"나랑 여기서 자볼래?"

"싫어! 냄새나!"

혹시나 해서 조카들에게 뱀 방에서 같이 자자고 부탁해

보았지만 모두 싫다고 했습니다. 그날 밤부터 조카들을 안방에서 재운 후 당당하게 뱀방으로 갔습니다. 방에 들어가서는 불도 켜지 않고 아예 눈을 감았지요. 혹시나 누가 들어올까 봐 방문 고리를 건 후 가운데에 숟가락을 꽂아 고정시켰습니다. 그런데 뱀들도 낯선 사람이 들어온 것을 아는지 스르륵거리면서 계속 움직였습니다. 갈수록 소리가 커지는 것 같고 그 때마다 온 몸이 굳는 듯 했지요. 잠을 도저히 잘 수 없을 것 같았습니다. 마치 주문이라도 외듯 열심히 주기도문을 외웠습니다.

"하늘에 계신 우리 아버지……" 언제 잠이 들었는지 모르나 눈을 떠보니 해가 벌써 중천에 떠 있었고, 조카들은 학교에 지각하겠다며 부산을 떨었습니다. 내가 뱀 방에서 잠에 곯아떨어지다니 믿어지지가 않았습니다.

조카들은 고모가 뱀 방에서 무서워 죽지는 않았을까 문에 귀를 대보았는데 코고는 소리만 들리었다며 깔깔거렸습니다. 그 곳에 간지 벌써 열흘이 지났습니다. 그동안 체중이 줄고 어지럽기도 했습니다. 피곤할 때에는 잠이 최고의 약이었는데, 지리산 오빠 집에서는 밤이 되면 무슨 일이 생기지는 않을까 걱정을 해서 그런 것 같습니다.

그 날도 여느 때처럼 새벽기도를 마치고 성경책을 놓기 위해 뱀 방으로 들어갔습니다. 뱀 방에 들어갈 때에는 늘 고개를 숙이고 불을 켜지 않지요. 내가 생각해낸 무서움을 안타는 방법입니다. 뱀 방에 들어가 문고리를 잡아 걸고 숟가락을 꽂았습니다. 아무도 밖에서 문을 열 수 없었지요.

"하나님, 저를 뱀으로부터 지켜 주셔서 감사합니다. 저를 오빠로부터 지켜주셔서 감사합니다." 기도를 드린 후 마음이 든든해졌습니다. 살아계신 하나님은 내 기도를 항상 들으신다는 것을 의심하지 않았거든요. 그런데 그 순간

누군가 나를 잡아당겼습니다. 너무 무서워서 아무 소리도 낼 수가 없었습니다. 내가 그렇게도 무서워 하던 뱀보다도 지금 나를 낚아채는 손이 더 무서웠습니다. 바로 큰 오빠의 크고 거친 손이었습니다. 거기에 비해 나는 몸집도 작고, 힘도 약했지요. 아무리 팔다리를 버둥거려도 큰 오빠를 밀쳐낼 수 없었습니다. 결국 오빠의 힘에 밀리고 말았답니다.

'하나님께서 나를 버리셨구나!'

생각하니 힘이 빠지면서 눈물이 펑펑 쏟아 졌습니다.

'나는 하나님을 그렇게 믿었는데 나를 지켜주시지 않았어. 그런 하나님은 더 이상 믿지 않을 거야.'

그 날 즉시 그 곳을 떠났습니다. 조카들이 학교에서 아직 돌아오지 않았기 때문에 작별인사도 할 수 없었습니다. 버스에 앉아서도 내 마음 속엔 하나님에 대한 원망이 가득했습니다.

"아니, 순애야! 웬일이니?"

엄마는 갑자기 돌아온 딸을 보자 놀라서 물으셨습니다.

그러나 나는 아무 말도 할 수 없었습니다. 엄마는 내 눈치만 보시면서 더 이상 묻지 않으셨지요. 큰 오빠가 내게 어떤 나쁜 짓을 했는지 엄마에게 조차 말을 할 수 없었습니다. 하나님에 대한 화가 좀처럼 사라지지 않았습니다. 눈을 뜨나 감으나 화가 났고, 복수를 하고 싶다는 생각만 들었지요.

'하나님마저 날 버리시다니!'

'아니야. 하나님은 원래 안 계셨을지도 몰라.'

내 마음은 차가워졌고, 돌처럼 딱딱해졌습니다. 정말 하나님이 살아 계시다면 아무 죄도 없는 내게 이런 끔찍한 일들이 일어나게 하시지 않았을 것이라는 생각 때문이었지요. 하나님이 정말 계시다면 나쁜 짓을 한 큰 오빠에게 벌을 내려 주셨을 텐데 말입니다. '그동안 내가 얼마나 기도를 열심히 기도했는데.' 나는 성경책을 한 장 한 장 찢어서 불에 태워버렸습니다. 그리고 아무 하고도 이야기 하지 않고 넋이 나간 사람처럼 동네를 돌아다녔습니다.

"아니, 쟤, 순애 아냐? 저애가 왜 저러지?"

"그러게 말이야. 눈빛이 무섭던데."

"혹시 미친 것 아닐까?"

"그럴지도 모르지 지 아버지도 정신병이라며? 딸에게도 옮겼겠지."

사람들이 수군거렸지만 창피하지도 않았고, 무섭지도 않았습니다. 나는 더 이상 예전의 내가 아니었거든요. 내 입에서는 더 이상 기도도, 찬송도 나오지 않았습니다. 오로지 나를 괴롭힌 오빠에게 복수를 하고 말겠다는 생각뿐이었습니다. 그런데 이게 웬일인가요? 하나님은 역시 살아계셨습니다. 나를 버리신 것이 아니라 안타까운 마음으로 나를 계속 바라보고 계셨던 것입니다.

모두 달라졌어요

그 날도 여느 때처럼 마음에 분노가 가득한
채로 동네를 이리저리 서성이고 있었습니다. 그런데 저
멀리서 논두렁 밭두렁을 누비며 손까지 흔들어가며 뭐라
고 외치는 사람이 보였습니다. 내가 보기엔 그 사람이야
말로 미친 것 같았습니다. 가까이 가보니 교회 집사님이
셨습니다. 열심히 전도를 하고 계셨지요. 나는 속으로 '치,

다 거짓말이야. 하나님이 어디 계시다고 그래?' 하며 콧방귀를 뀌었습니다. 그래도 심심해서 도대체 무슨 말을 하나 들어볼까 하고 멈춰 섰습니다. 그랬더니 집사님은 대뜸

"하나님은 당신을 사랑하십니다!"

난 그 말에 픽 웃고 말았지요. 그리고 속으로 이렇게 말했어요.

'하나님이 날 사랑하신다고? 말도 안돼. 내가 고통을 당할 때 가만히 놔두었으면서.'

내 마음은 깜깜한 밤처럼 어두웠고, 사람들의 그 어떠한 말도 받아들일 수 없었습니다. 마음속에서는 큰 오빠에 대한 복수심이 점점 더 뜨겁게 타오르고 있었습니다. 그리고 '어떤 방법으로 복수를 할까?' 하는 생각에만 골몰했습니다. 그런데 집사님의 말을 계속 듣다보니 갑자기 눈물이 흐르면서 얼어붙었던 마음이 조금씩 녹아내리기 시작했습니다. 하나님께서 집사님의 입을 통해 내게 말씀하

시는 것 같았지요.

"순애야, 힘들지? 내가 너를 얼마나 사랑하는지 아니? 너

는 아주 특별하단다. 내가 너를 만들었기 때문이지. 나는

네 눈물도, 네 상처도 모두 사랑한단다."

구룡포에 살 때 주일학교 선생님께로부터 들었던 그 하나님은 분명히 살아계셨습니다. 내가 어둠 속에서 눈물을 흘릴 때에도, 고통을 당할 때에도, 내가 하나님을 원망할 때에도 내 옆에 언제나 계셨던 것입니다. 나를 짓누르던 무거운 짐이 순식간에 사라지는 듯 했습니다.

집사님은 말씀하셨습니다.

"마을 회관에서 예배를 드리는데 같이 가요."

마을회관에는 동네 학생들이 모여 있었습니다. 나도 그 애들 가운데 껴서 오랜만에 예배를 드렸습니다. 이렇게 기쁜 예배를 너무 오랫동안 드리지 못했던 것입니다.

집사님의 소개로 읍내에 있는 교회에 다니기 시작했습니다. 교회 안에 들어서는 순간 마치 긴 여행을 마치고 집으로 돌아오는 느낌이었습니다. 오랫동안 헤어져 있던 엄마 품에 안기는 것 같았습니다. 복수를 하고야말겠다는 마음은 어디론가 사라지고 대신

"하나님, 제가 잘못했어요. 저를 용서해주세요." 하면서 눈물을 흘리며 기도했습니다. 비로소 내 맘 속에 평화가 찾아왔습니다. 하나님께서 내 눈물을 닦아 주셨거든요.

내 속에 있는 모든 것이 변하기 시작했습니다. 그런데 나만 변한 것이 아니었어요. 우리 마을도 변하기 시작했지요. 내 마음만 밝아진 것이 아니라 우리 마을도 밝아졌답니다. 전기가 들어왔거든요. 이제 밤도 환하게 밝힐 수 있게 되었지요. 그러나 내 안에 있는 빛은 전기불보다 훨씬 밝았지요. 돈을 내고 밝히는 전기불이 아니라 하나님께서 직접 주신 빛이기 때문입니다. 이 빛은 아무도 가릴 수 없지요.

전기가 들어온다고 기뻐하던 사람들은 마음 놓고 전기를

사용할 수 없었습니다. 가난한 사람들이 많았던 시절이기 때문에 전기요금이 많이 나올까봐 걱정을 했거든요. 그래서 제사를 지내거나 손님이 오시는 날, 잔치가 있는 날같은 특별한 날에만 불을 켜고 전처럼 어둠 속에서 지낼 때가 많았답니다. 그런데 전기불보다 더 신기한 것이 나타났지요. 그것은 바로 텔레비전이었답니다. 그 당시 텔레비전은 바보 상자가 아니라 요술 상자였습니다. 온 마을 사람들이 요술 상자 앞에 모여앉아 웃고 울고 했지요. 그런데 한 가지 걱정이 있었습니다. 재미있는 것을 계속 보면 요술 상자 안이 점점 비어 나중에는 볼 것이 없을 거라고 생각했거든요.

아이들이 나를
"선생님"이라고 불렀어요

'4-H 운동'에 대해 들어보셨나요? 'H'로 시작하는 네 단어를 모아 사람들과 농촌을 변화시키는 운동이랍니다. 그럼 H로 시작하는 단어들을 살펴볼까요? 머리라는 뜻의 헤드(HEAD), 마음이란 뜻의 하트(HEART), 손을 나타내는 핸드(HANDS), 건강이란 뜻의 헬스(HEALTH)랍니다. 나도 이 운동을 하고 싶었습니다. 그러나 학교에 다니지 못한 사람은 끼워주지를 않았어요. 아무리 공부를 못했어도 중학교는 졸업해야 했답니다. 나는 초등학교도 졸업을 못했거든요. 동네 아이들이 학교에 가서 공부할 시간에 나는 소꼴 망태를 등에 매고 일을 해야 했지요. 멀리서 4H 회원들을 보고 부러워만 했습니다. 그런데 어느 날 집으로 오고 있는데 4H 회장이 나를 불렀습니다.

"순애야, 우리랑 같이 4H 활동 할래?"

"내가 어떻게?"

회장은 내 말뜻을 금방 알아차렸습니다. 하고 싶어도 학교를 못 다녀서 못한다는 말을 하려고 했다는 것을 알고 있었던 것입니다.

"우리도 알아. 하지만 너는 특별히 받아주기로 결정했어. 너는 학교를 많이 못 다녔지만 착하고 똑똑하다는 것을 아는 사람들이 많거든."

'내가 4H회원이 되다니!'

도저히 믿을 수가 없었습니다. 그리고 내가 4H 회원이라는 사실이 너무 자랑스러웠습니다. 우리 마을의 4H 회원은 모두 25명이었는데 그 가운데 나도 끼게 된 것입니다. 다음 날부터 내 걸음걸이도 달라졌습니다. 고개를 번쩍 들고 당당하게 동네를 누볐지요. 꿈에도 그리던 것이 이뤄진 것이 너무도 감사해서 한 달 동안 감사기도를 했습니다.

그런데 생각지도 못한 일들이 계속 일어났습니다. 이따금 우리 마을 대표로 나가서 공부도 하고 기술도 배우는 프로그램이 있었는데 모두 바빠서 내가 나가게 된 것입니다. 나만 빼고 모두 학생이었기 때문에 학교를 가야했거든요. 하고 싶은 공부를 맘껏 하지 못했다가 공부를 하게 되니 너무 신났습니다. 다른 사람들은 강의 시간에 딴청을 부리거나 졸기도 했지만 나는 한 마디도 놓치기 싫

어서 두 눈을 말똥말똥 뜨고 열심히 받아 적었습니다. 맞춤법이 엉망이라 나 밖에는 읽을 수 없는 내용이지만 집에 돌아와서 복습을 하고 다시 정리했습니다. 그렇게 하니 그 날 배운 것이 거의 모두 내 머리 속에 남아 있게 되었답니다.

그 후 내 손에선 책이 떠나지 않았습니다. 이 집 저 집 품팔이로 일하러 다닐 때마다 책을 한두 권씩 빌려오곤 했습니다. 빌려온 책을 밤새워 읽고, 마음에 남는 글들을 노트에 옮겨 적었습니다. 내 몸은 산골 작은 마을 안에 갇혀 있지만 책을 손에 들면 아주 넓은 세계로 여행을 떠난답니다. 책 속의 여행을 통해 많은 사람들을 만나 이야기를 나누지요. 그러다보면 시간가는 줄도 모르고 어느 새 새벽을 맞이하곤 했지요.

농기계를 움직이는 법도 배웠습니다. 그 커다란 기계에

올라타 이리저리 움직이면 얼마나 신이 나는지 모릅니다. 구룡포에서 빈 깡통을 들고 밥을 얻으러 다니던 박순애가 드디어 알 껍질을 깨고 밖으로 나왔습니다.

그 무렵 숙제로 꼭 읽어야 하는 책이 있었습니다. 그 책의 제목은 〈상록수〉인데 책 속의 여자 주인공 채영신에게 푹 빠졌습니다. 그리고 나도 채영신처럼 되고 싶다는 꿈을 꾸게 되었습니다. 나도 채영신처럼 우리 마을을 위해 열심히 일하고 싶었습니다. 그래서 이렇게 기도했지요.

"하나님, 저도 채영신처럼 되게 해주세요!"

하나님은 제 기도를 모두 기억하셨습니다.

드디어 우리 마을을 위해 내가 할 수 있는 일이 생겼답니다. 그것은 동네 아이들을 돌봐주는 일이었지요. 농사를 짓느라 어른들이 모두 논밭에 나가면 아이들을 돌 볼 사람이 없었답니다. 그래서 할 수 없이 아이들을 논밭까지 데리고 가지만 그 곳에서는 아이들을 지킬 사람이 없습니다. 아무 것도 모르는 아이들은 밭고랑에 누워 잠을 자기도 하고, 흙을 주워 먹기도 합니다. 뱀에게 물리기도 하고 심지어 기어 다니다가 웅덩이에 빠져 죽기도 합니다. 농약 병을 함부로 만져서 병원에 실려 가기도 하고요. 하나님께서 내가 아이들을 돌보는 법을 배울 수 있는 기회를 주셨습니다. 이제 배운 것을 실습할 때가 돌아왔습니다. 우리 마을에도 탁아소가 생겼거든요.

나는 집집마다 다니면서 아이들을 직접 데려왔습니다. 아이들을 보내면서 어른들은 모두 기뻐했습니다. 이제 마음 놓고 일을 할 수 있게 되었으니까요. 그러나 어떤 아이들은 엄마를 따라 밭에 가겠다며 떼를 쓰고 울기도 했습니다. 이런 아이들을 위한 비법이 있지요. 사탕을 주고 달래면 얼른 내 손을 잡고 따라나서지요. 내가 돌 볼 아이들은

스무 명이 넘었습니다. 배울 때에는 쉬워 보였는데 실제로 해보니 어려운 일이 많았습니다. 그러나 그 일이 내 맘에 들었기 때문에 잘 참아냈습니다. 시간이 갈 수록 아이들의 마음을 더 잘 읽을 수 있게 되었습니다. 눈빛만 보아도 졸리 운지, 배가 고픈지, 화장실에 가고 싶어 하는지 다 알 수 있게 되었습니다.

그런데 아이들에겐 이상한 특징이 있었습니다. 한 명이 화장실을 간다고 하면 너도 나도 다 가겠다고 나섭니다. 또 한 명이 물을 마시고 싶다면 가만히 앉아 놀던 아이들도 모두 몰려와 물을 달라고 합니다. 가장 힘들게 한 것은 한 명이 울면 다 따라 우는 것이었습니다.

아이들을 돌보면서 정말 신이 났던 것은 도시에서 헌 장난감을 보내왔을 때입니다. 별의별

장난감이 다 있었지요. 모두 우리 마을에서는 구경하기

힘든 것들이었답니다. 나는 아이들과 함께 장난감 말도

타고, 총싸움도 하면서 신나게 놀았습니다. 아이들은 나를 "선생님"이라고 불렀습니다. '초등학교도 제대로 못 다닌 내가 선생님이 되다니!'

내가 하나님 앞에서 흘렸던 눈물은 진주 같은 보석이 되기도 하고, 기쁨의 씨앗이 되기도 했습니다. 하나님께서는 그 보석을 받으셨고, 씨앗은 싹을 트고 자라나게 하셨습니다. 그리고 내가 지쳐있을 때 살짝 그 열매들을 보여주시곤 하셨습니다. 소꼴 베는 지게와 낫을 들고, 소를 몰고 들로 산으로 다닐 때에도, 풀밭에 누워 책을 읽을 때에도 하나님을 높이는 내 찬양이 그치지 않았답니다. 🍀

기도로 꿈을 이룬
어린이 절대 희망

*

기도하면 기적이 일어나요
3부

3부
기도하면 기적이 일어나요

주님, 제가
무엇을 드릴까요?

하나님을 사랑하는 마음이 점점 커졌습니다. 사랑하는 사람에겐 무엇이든지 주고 싶듯이 나도 하나님께 무엇인가 드리고 싶었습니다. 그런데 아무리 살펴봐도 드릴 것이 없었습니다. 헌금을 내고 싶어도 돈이 없었습니다. 그래서 이렇게 기도했습니다.

"하나님, 저도 하나님께 뭔가 드리고 싶어요. 무엇을 드릴까요?"

그랬더니 내 마음속에 이런 생각이 떠올랐어요.

'하나님은 내가 눈물 흘리며 기도하는 것을 기뻐하실 거야.'

"하나님, 기도는 보이지 않잖아요? 제 기도는 하나님만 들으시잖아요? 저도 사람들이 눈으로 볼 수 있는 것을 드리고 싶거든요."

나는 내 자신과 대화를 나누기 시작했습니다.

'네가 매일 지나다니는 산길을 둘러봐. 뭐가 보이니?'

'들꽃과 열매, 산나물, 약초……'

'그래! 엄마가 가르쳐 주신 산나물과 약초를 캐보는 것은 어떨까?'

어느 것이 풀인지, 어느 것이 나물인지 오랫동안 배웠잖아? 그리고 너는 시간이 많잖아?'

나는 바구니를 들고 다니며 약초도 캐고 산나물도 캤습니다. 특히 내가 캔 고사리는 아주 보드럽고 맛있었습니다.

고사리는 음지에서 자란 것일수록 여리고 보드럽습니다. 고사리가 바구니에 가득 차면 그것을 들고 목사님 댁 문 앞에 걸어두곤 했습니다. 나는 가난하지만 다른 사람에게 줄 수 있는 것이 있다는 것을 발견하고 기쁨이 넘쳤습니다. 줄 때의 기쁨을 맛보고 나니 더 많은 사람들에게 더 많은 것을 주고 싶었습니다.

나물을 캐다보니 주위의 들꽃들이 눈에 들어왔습니다. 이름도 모르는 들꽃들이 수줍게 여기저기 무리를 지어 피어 있었습니다. 주인은 하나님이시니 내가 얼마든지 꺾을 수 있지요. 들꽃을 한 아름 꺾어 집으로 가지고 왔습니다. 집 뒤 켠 그늘 진 곳에 두고 물을 갈아주면서 주일이 되기만을 기다렸습니다. 드디어 주일이 되면 꽃을 들고 가서 예쁘게 장식했습니다. 꽃 한 송이 한 송이를 항아리에 담을 때마다

"하나님! 예쁜 꽃을 주셔서 감사합니다! 많은 사람들이 이

꽃을 보고 마음이 예뻐지게 해주세요!"

교회에 가지 않는 날엔 남의 집을 다니며 일을 도와주고

품삯을 받았습니다. 모내기, 고추심기, 담배 심기 등 여러

가지 일을 했지요. 하나님을 사랑하고부터는 무슨 일이든

지 기쁘게 열심히 했습니다. 그런데 동네에 소문이 났답

니다.

"순애라는 애 있잖아? 일을 참 열심히 해. 그런데 일을 마치고 갈 때면 꼭 하는 말이 있지."

"마당에 핀 꽃을 꺾어 가도 되나요?"

"맞아, 우리 집에서도 꽃을 꺾어 가더라고."

"그 꽃들을 뭐에 쓰는 걸까?"

"내가 듣기론 교회에 가지고 간다던데."

 그러나 꽃이 항상 피어 있는 것은 아닙니다. 가을이 되면 꽃은 시들고, 대신 단풍이 들고, 여기저기 억새풀이 자라났습니다. 억새풀이라도 한 아름 꺾어 꽂기로 했습니다. 그런데 집에서 교회까지의 거리가 멀었기 때문에 부지런히 뛰어가다 보면 바람에 억새풀 솜털이 다 날아가 버리고 말아요. 그래서 교회에 도착했을 때엔 털이 없고 삐죽삐죽 앙상한 줄기만 남곤 했어요. 그 다음엔 찔레 열매를 꺾어 꽂았답니다. 교회 강대상에 있는 작은 항아리에는 봄과 여름과 가을이 차례차례 담겼습니다.

귀한 손님이 오세요
자반고등어와 계란 두 개

내가 다니는 시골 작은 교회에서 어느 목사님을 초대했습니다. 그 목사님은 우리에게 새로운 방법으로 하나님의 이야기를 들려주셨습니다. 매일 밥만 먹다가 이따금 특별한 음식을 먹을 때 기쁨과 새로움이 있지요. 마찬가지로 우리 교회에 다니는 사람들은 며칠 동안 다른 교회 목사님의 새로운 말씀을 듣게 되어 기대에 부풀어

있었습니다. 목사님을 대접하기 위해 여러 사람이 준비하고 있었습니다.

특히 목사님께 음식을 대접하는 일을 하고 싶어 하는 사람들이 많았지요. 나도 목사님께 식사를 대접하고 싶었습니다. 그렇지만 우리 집은 교회에서 멀고, 가난하고, 집도 좁고 지저분해서 자신이 없었습니다. 그래도 하나님께서 도와주시면 목사님께 맛있는 식사를 대접할 수 있다고 생각했습니다. 그래서 열심히 기도했습니다.

우리 교회 목사님께 먼저 부탁을 했지요. 그러나 당연히 거절당했습니다. 겨우 끼니를 때우는 집에서 목사님을 대접 하겠다고 하니 말리셨던 것이지요. 나는 계속 기도했습니다.

"하나님, 도와주세요! 저도 식사를 대접하고 싶어요."

기도를 마치고 교회 근처 골목에서 초대된 목사님이 나타나기를 한 시간 동안 기다렸습니다. 드디어 목사님이 모습을 나타내자 달려가 졸랐습니다.

"목사님, 저희 집에서 한 번만 식사를 해주세요."

내가 하도 열심히 조르니까 목사님은 마지못해 허락을 해

주셨습니다.

허락을 받고 집으로 돌아가는 내 발걸음은 너무 가벼워

날아갈 듯했습니다.

집에 오자마자 엄마에게 자랑했습니다.

"엄마! 교회에 초대된 목사님께서 우리 집에서 식사를 하신

대!"

"무슨 뚱딴지같은 소리냐?"

"정말이라니까! 오늘 우리 목사님이랑 함께 오실거야."

"에고, 이를 어쩌나 집에는 멸치 한 마리도 없는데, 귀한

손님에게 뭘 대접할까?"

걱정을 하시면서도 엄마의 얼굴엔 기쁨이 가득했습니다.

엄마는 반찬을 마련하기 위해 바로 이웃 큰 마을로 달려

가셨습니다. 그 동안 나는 집안 곳곳을 열심히 청소했습

니다. 빗자루로 마당을 쓸면서 콧노래가 절로 나왔지요.

마을에서 돌아오신 엄마 손에는 자반고등어와 계란 두 개가 들려있었습니다. 나중에 갚기로 하고 꿔 오신 것이지요. 자반고등어는 생선 고등어를 소금에 절인 것입니다. 냉장고가 없던 시대라 생선을 오래 보관하기 위한 방법이었지요. 한 손에는 짚으로 묶인 자반고등어, 다른 손에는 계란 두 개를 들고 코고무신에 몸빼 바지를 입고 스웨터를 걸치신 엄마의 모습이 지금도 생생하게 기억납니다. 산에서 뜯어온 온갖 나물들, 도라지, 고사리가 엄마의 손만 거치면 맛난 반찬이 되어 상에 오른답니다. 거기에 노르스름한 계란찜과 자반고등어 구이, 정말 진수성찬이었답니다. 그런데 날이 저물어 가도 귀한 손님들이 나타나질 않으셨습니다.

"순애야, 목사님이 정말 오신다고 했니?"

"그럼, 내가 직접 허락을 받은 건데."

"날이 벌써 저물어 가는데 왜 아직도 안 오신다니?"

한 시간이 넘게 기다렸지만 목사님은 나타나지 않으셨습

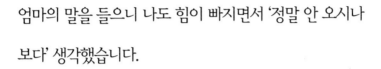

니다.

"하긴, 나라도 고개고개 넘어 먼 길을

밥 한 끼 땜에 오지는 않을 거야."

엄마의 말을 들으니 나도 힘이 빠지면서 '정말 안 오시나

보다' 생각했습니다.

"오늘 꿔온 자반고등어랑 계란을 다음 장날 까지 꼭 갚아

야하는데."

그 때 저만치 사람의 기척이 들렸습니다. 엄마와 나는 동

시에 벌떡 일어났습니다.

"목사님! 어서 오세요!"

엄마와 나는 너무 기뻐서 입을 다물지 못했습니다.

"이렇게 먼 줄 몰랐습니다. 고개를 넘으면 또 고개가 나타

나고. 허허."

밥상을 마주하고 목사님께서 감사와 축복기도를 해주셨

습니다. 기도를 마치고 나는 엄마의 손을 한 참 바라보았

습니다. 손이 트고 갈라져 벌어져있었습니다. 얼른 약을 발라야 하는데 약을 살 수가 없어서 실로 칭칭 감으셨습니다. 물이 닿을 때마다 쓰리고 따가우셨을 텐데 귀한 손님을 대접하는 기쁨으로 모두 참아내신 것이지요.

초대받으신 목사님이 말씀을 전하시는 마지막 날 헌금시간이었어요. 모두 헌금봉투에 돈을 담아 드렸지만 나는 드릴 것이 없어서 봉투에 이렇게 적었습니다.

"주님, 저를 받아주세요."

정말 하나님께서는 저를 받아 주셨습니다. 그래서 지금도 저를 통해 하나님이 살아 계시다는 것을 많은 사람들에게 전하고 있습니다.

하나님, 가난이 싫어요

어느 날, 새벽 기도를 하다가 목사님께서 울며 기도하는 소리를 듣게 되었습니다.

'목사님이 웬일이시지? 무슨 큰 일이 생긴 걸까?'

궁금했지만 직접 여쭤볼 수가 없었습니다. 그런데 또 다시 새벽기도 시간에 목사님이 강단에 엎드려 울면서 기도하시는 모습을 보게 되었습니다. 이유를 알고 보니 우리 교회 건물을 비워야 한다는 것입니다. 이 문제를 해결하려면 돈이 필요했습니다. 그래서 모두 마음을 합하여 기도를 한 다음 헌금을 하기로 결정했습니다.

내겐 돈이 한 푼도 없었지만 그 누구보다도 많은 헌금을 하고 싶었지요. 그래서 이렇게 기도했어요.

"하나님! 제가 헌금을 최고 많이 드리게 해 주세요."

그리고 새벽마다 큰 소리로 "최고 많이!" 삼창을 외치며 기도했습니다. 하나님의 교회를 위해 내 사랑을 표현하고 싶었을 뿐입니다. '난 드릴 것이 하나도 없는데.' 하면서 처음부터 포기하기는 싫었지요. 내가 기도하면 하나님께서 모두 들으신다는 믿음 하나로 기도했을 뿐입니다. 기도를 하다가 나는 하나님께 이렇게 외쳤습니다.

"하나님, 저는 가난이 싫어요!"

제가 얼마나 큰 소리로 기도를 했던지 주위 사람들에게 방해가 되었나봅니다. 목사님으로부터 주의를 받고 소리를 좀 낮추었습니다. 아마 함께 기도하던 많은 사람들이 내가 매일 새벽마다 외친 "최고 많이!"에 고개를 갸우뚱했을지도 모릅니다. '돈은 한 푼도 없으면서 뭘 최고 많이 하겠다고?' 하면서 말입니다. 그러나 내 기도 소리는 다시금 커졌습니다.

"하나님! 가난한 저를 통해 많은 것을 드리게 해주세요!"

이제 사람들은 내 기도에 대해 아무 말도 하지 않았답니다. 기도를 마치고 나면 언제나 마음이 평안했습니다.

그런데 어느 날 오후 정말 믿을 수 없는 기적이 일어났습니다. 한 아저씨가 나를 찾아오셔서 하는 말씀이

"새벽기도를 마치고 집에 돌아와 신문을 읽다가 박순애 씨의 글을 읽고 감동을 받았습니다. 그래서 직접 만나 뵈려고 여기까지 왔습니다."

"신문에 제 글이 실렸다고요?"

내 글이 신문에 실렸다는 말에 어리둥절했지요. 그분이

건네주는 신문을 보고서야
두 달 전 대구매일신문에 원
고를 보냈던 생각이 났습니
다. 내가 교도소에 가서 강연을 할 때 도움이 필요한 사람
들을 많이 봤습니다. 가족들이 아예 없거나, 있더라도 돌
보는 사람이 없는 사람들을 돕고 싶었는데 내겐 돈이 없
었어요. 그래서 신문을 통해 이런 이야기가 전해지면 혹
시라도 도와줄 사람이 나타날지도 모른다고 생각했답니
다. 그래서 글을 써서 신문사에 보냈습니다. 원고를 보낸
후엔 내 글이 과연 실렸는지 확인하느라 매일 신문을 구
석구석 샅샅이 살폈지만 '박순애'라는 이름 석자는 보이지
않았습니다. 그래서 '내 글이 실릴리가 있나?' 하고 포기했
었지요. 그런데 난데없이 내 글을 읽고 나를 찾아온 사람
이 나타난 것입니다.

아저씨가 내게 물었습니다.

"수감자 *구치소나 교도소에 갇혀 있는 사람 들에게 필요한 것을 사주

려면 얼마나 필요한가요?"

막상 질문을 받고 나니 답을 할 수 없었습니다. 사실 정확

한 액수를 알지 못했거든요. 그런데 나도 모르게 엉뚱한

대답을 했습니다.

"저희 교회를 먼저 도와주세요. 저는 우리 교회에서 제일

가난하답니다. 지금 우리교회가 어려움에 처했는데 저는

돕고 싶어도 돈이 없답니다. 우리 교회를 도와주세요."

아저씨는 무엇인가 생각하시는 듯 하시더니 "사실 나는 교회 세우는 목적으로 헌금하고자 했으나 신문을 보고 감동이 되어 찾아 온 것이었습니다. 하나님께서 나를 이 곳으로 보낸 이유를 알 것 같습니다."

"그럼 수표로 드릴까요?"

그 때까지 나는 수표를 한 번도 본 적이 없었습니다. 그래서 "아니요. 만원자리로 주세요."라고 대답했습니다. 잠시 후 그분은 커다란 돈뭉치를 들고 오셨지요.

나는 그렇게 큰 돈뭉치는 본 적이 없었습니다. 파란색 만원자리가 다발로 묶여 있었어요. 갑자기 겁이 났습니다.

"이렇게 많이 주시다니. 저는 이 돈을 갚을 수 없어요."

"갚지 않아도 됩니다. 주님이 갚아주실 것입니다."

세어보지도 않고 돈 뭉치를 그대로 들고 곧장 목사님 댁으로 갔습니다.

"목사님, 하나님께서 이 돈을 주셨습니다."

목사님은 감사기도를 하셨습니다.
그리고 믿음이 적은 자신을 용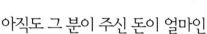
서해달라고 하나님께 기도하
셨습니다.
아직도 그 분이 주신 돈이 얼마인
지 잘 모릅니다. 목사님이 축복기도를 해주셨습니다.
"주님 앞에 최고 많이 드리고 싶어서 그렇게 몸부림치던
이 딸의 믿음을 축복하여 주옵소서."
"최고 많이" 드릴 수 있게 해달라는 내 기도가 이루어졌다
는 것을 교인 모두가 알게 되었습니다. 나는 세상에서 제
일 큰 부자입니다. 내 손에는 아무 것도 들려있지 않지만
이 우주를 지으신 하나님이 내 아버지시기 때문입니다.
하나님이 지으신 산과 들과 시내가 모두 내 집이었고, 내
가 먹는 산나물과 오이와 풋고추, 그리고 식은 밥은 하나
님께서 주신 양식이었습니다. 모두 꿀맛이었지요. 친구들

이 모두 학교에 가서 공부하는 시간에 나는 남의 집 고구

마 밭에서 일을 했고, 소꼴을 베어 쇠죽을 끓였지만 내 곁

에는 늘 하나님이 계셨습니다.

기도로 꿈을 이룬
어린이 절대 희망

*

참고 견디면 축복이 와요
4부

4부
참고 견디면 축복이 와요

문이 잠겼어요

내게 있는 전 재산은 2만원뿐이었답니다. 그런데 그 돈을 가지고 무작정 서울로 왔습니다. 서울에 아는 사람이 있냐고요? 작은 오빠가 있답니다. 역에 도착하자마자 오빠에게 전화를 걸었습니다.

"오빠, 순애에요. 지금 막 서울에 도착했어요."

"뭐? 네가 왜 서울에 와?"

내가 서울에 올라왔다는 말에 오빠는 반가워하기보다는

호통을 쳤습니다. 하지만 오빠 집 밖에는 갈 데가 없었습

니다. 오빠 집은 신촌의 언덕배기에 위치한 반 지하 단칸

방이었습니다. 그 곳에 이미 두 사람이 살고 있었지요. 두

사람이 살기에도 좁은 공간에 내가 갔으니 모두 불편해

했습니다. 미안하긴 했지만 그냥 삼 일을 그곳에서 지냈습니다. 오빠는 내가 귀찮다는 표현을 자주 해도 모르는 척했습니다. 드디어 오빠가

"빨리 집으로 가라! 도대체 무슨 생각으로 서울에 온 거냐?"

오빠 말이 서운하여 엉엉 울고 싶었지만 꾹 참았습니다. 그 날 온종일 낯선 거리를 헤매고 다녔습니다. 그러나 밤이 되니 갈 곳이 없어 다시 오빠네 집으로 갔습니다. 그런데 이게 웬일입니까? 문이 자물쇠로 잠겨있었습니다. 혹시라도 오빠가 올까 차가운 바닥에 앉아 두 시간 동안 눈이 빠지도록 오빠를 기다렸지만 오빠는 끝내 오지 않았습니다. 온 몸이 꽁꽁 얼어붙었습니다.

1989년 12월, 더 이상 추위를 견딜 수 없어 무작정 길로 나섰습니다. 저만치 언덕배기에 큰 교회가 보였습니다. 교회건물 위에 빨간 십자가 불빛을 보니 헤어졌던 엄마를

보듯 눈물이 왈칵 쏟아졌습니
다. 교회는 마치 내 집과
같았습니다. 서슴없이
교회 안으로 들어가
맨 앞에 앉았습니다.
그리고 하나님께 물
었지요.
"하나님, 저를 잊으
셨어요?"
그러나 교회에 가니 내

집처럼 마음이 편했습니다. 찬양과 기도로 매일 밤을 교
회에서 지냈습니다. 다행히 교회 문은 항상 열려 있었습
니다. 밤에는 아무도 없었고 긴 의자위에 누워 하나님에
게 말을 걸었습니다. 뜨거운 눈물이 눈 꼬리를 타고 흐르
더니 귓속으로 들어갔습니다. 새벽녘 추위에 잠에서 깼습

니다. 찬송소리가 들렸지요. 깜짝 놀라 일어나니 새벽예배가 시작되었더군요. 이렇게 하루하루를 지냈습니다.

여느 때처럼 잠을 자고 있는데 누군가 내 곁으로 다가왔습니다. 그분이 누구신지 모르지만 자기가 입고 있던 스웨터를 벗어 나를 덮어주었습니다. 감사한 마음에 또 눈물이 주르르 흘렀습니다. 주머니 속에 있던 돈은 나날이 줄어들었습니다. 라면으로 끼니를 때우고 다시 교회로 가면 알 수 없는 그 분은 스웨터로 나를 덮어주십니다. 그러던 어느 날 새벽기도가 끝나자 그분이 나에게 다가왔습니다. 내 손을 잡으며 물었지요. 내가 오갈 곳 없다는 것을 아신 그분은 나에게 경기도의 어느 기도원에 가보라고 했습니다.

눈이 많이 내린 날, 기도원에 도착했습니다. 기도원 주변의 산과 들을 보니 고향생각이 났습니다. 기도원에 도착하니 사람들이 마당을 가로질러 길게 줄을 서 있었습니

다. 무슨 줄이냐고 물었더니 식사를 기다리는 줄이라고

했습니다. 이곳에서 공짜로 밥을 준다고 했습니다. 공짜

로 밥을 주다니! 너무 기

뻤습니다. 식판 가득

밥을 받았습니다. 오

랜만에 따뜻한 김이

오르는 밥과 반찬을

보니 목이 메어 넘어가지 않았

습니다. 밥 냄새를 맡는 것만으로도 감격했습니다. 밥을

먹었으니 밥값을 해야 마음이 편할 것 같았습니다.

그래서 기도원 마당에 수북이 쌓인 눈을 쓸었지요. 기도

실 바닥은 따뜻했습니다. 그 따뜻한 곳에 앉아 예배를 드

리니 감사한 마음이 넘쳤답니다. 예배가 없는 날은 '기도

굴'이라고 불리는 곳에 들어가 기도를 했습니다. 기도굴은

딱 한 사람 들어갈 크기의 굴이었지요. 하루에 네 시간씩

이 굴에서 엎드려 기도했습니다. 얼마나 눈물을 많이 쏟 았던지 내 몸의 물이 다 빠져나간 것 같았습니다.

기도원에서 두 달을 보냈습니다. 비로소 마음이 안정되 고 평화를 찾았지요. 이따금 사람들을 보고 웃기도 했습 니다. 굶주렸을 때엔 밥만 먹으면 행복할 것 같았는데, 시 간이 지나다보니 계속 여기에 있으면 안 되겠다는 생각이 들었습니다. 그래서 이렇게 기도했지요.

"하나님, 이제 이곳을 떠나게 해주세요."

하나님 제게
방 한 칸 주세요.

하나님께 혼자서 기도하고 잠자고 글까지 쓸
수 있는 방 한 칸을 달라고 간절히 기도했습니다. 고향으
로 가고 싶어도 차비가 없는데 방을 달라니, 하나님의 기
적이 없이는 불가능한 일이었지요. 무작정 방을 알아보러
나섰습니다. 제일 값이 싼 방도 당장 20만원이 필요했습
니다. 그뿐 아니라 매달 5만원씩 내야 했지요.

일단 기도원으로 돌아가 기도를 한 후에 다시 그 집으로 찾아갔습니다. 주인아주머니에게 부탁했지요.

"죄송합니다. 하지만 저를 믿고 방을 빌려 주시면 빨리 돈을 벌어서 월세도 드리고 보증금도 드리겠습니다."

주인아주머니는 날 이상하다는 듯 쳐다보기는 했지만 그렇게 하라고 승낙 하셨습니다. 어차피 그 방은 비워 있는 방이었지요. 얼마나 기뻤는지요. "내 방을 주세요." 기도했는데 드디어 나 혼자만의 공간이 생긴 것입니다. 내 짐은 보따리 하나뿐이었지요. 그런데 오랫동안 사용하지 않았던 방이라 바닥을 닦고 닦아도 끝이 없었습니다. 주인아주머니가 물었습니다.

"아가씨, 연탄은?"

"연탄은 필요 없어요."

연탄을 살 돈이 있을리 만무했지요. 세면도구, 필기도구, 옷 몇 벌이 내가 가진 전 재산이었지만 나만의 공간이 생겼다는 것만으로도 행복했습니다. 창문 틈에서 차가운 겨울바람이 새어들어오고, 방바닥은 차갑습니다. 하얀 입김이 날정도로 방은 춥고 차가웠습니다. 겉옷을 벗어서 이불삼아 길게 덮었습니다. '가난한 사람, 교도소에 있는 사람들은 나처럼 춥게 자겠구나!' 생각했습니다.

처음으로
십일조를 냈어요.

방이 생겼으니 이제 돈을 벌어야 했습니다. 아무 곳이나 취직을 해야겠기에 문구점에 가서 이력서를 샀습니다. 이력서를 쓰자니 초등학교도 졸업을 못했고, 어디선가 일을 한 적도 없으니 빈칸을 메울만한 것이 없어 관두었습니다. 밖으로 나가 근처에 교회가 없는지 찾아보았지요. 걸어서 30분 정도 거리에 교회가 있었습니

다. 시골에서는 교회까지 가려면 한 시간 반이나 걸어야

했었는데 이렇게 가까운 곳에 교회가 있다는 것이 감사했

습니다.

여기저기 일자리를 구하러 다닌 지 일주일이 지나 어느

가구 공장 사무실을 찾아갔습니다. 이력서를 가지고 왔느

냐고 물었지요. 그러나 내 이력서를 본다면 채용하지 않

을 것이 뻔해 이력서가 없다고 하니 나이를 물었습니다.

"스물여덟 살입니다."

내 옷차림을 아래위로 훑어보더니 주방에서 일을 할 수 있

냐고 물었습니다. 월급이 적은데도 괜찮겠냐고 물었지요.

월급이 많고 적고는 문제가 아니었지요. 일할 곳이 생겼

다는 것만으로도 감사했습니다. 이곳이 내 첫 직장인 것

입니다. 내가 하는 일은 날마다 30명의 밥을 짓는 것이었

습니다. 쌀을 씻고 밥을 푸면서 얼마나 감사한지 찬양이

그치질 않았어요.

당장 쓸 돈이 없었기에 월급의 반을 미리 달라고 부탁을 했습니다. 파란 만 원짜리 열 장을 받았지요. 드디어 십일조를 할 수 있는 돈이 생긴 것입니다. 집에 뛰어 들어가 제일 먼저 십일조 만원을 제하고 나머지는 주인집 아주머니에게 월세 5만원, 감사헌금 1만원을 제하고 나니까 3만원이 남았습니다. 월급 때까지 살아야 했습니다. 청송에서 살 때 십일조를 드리게 해달라고 기도를 했던 것이 드디어 이루어진 셈입니다. 너무 기뻐서 도저히 견딜 수 없었습니다. 그래서 매일 새벽 30분을 걸어 교회에 가 기도를 했습니다. 앞으로 하나님께서 내게 어떤 선물들을 주실지 생각하니 감사 기도가 그치질 않았습니다.

참고 견디면 축복이 와요 ＊143

교회 선생님이 되고 싶어요

교회를 다니면서 꼭 하고 싶었던 것은 바로 주일학교 교사였지요. 구룡포교회 주일학교 선생님처럼 나도 아이들을 사랑하고 돕고 싶었거든요. 또 다른 이유는 주일학교 교사가 되면 모두 나를 "선생님"이라고 부를 것이기 때문입니다.

주일학교 교사실로 일단 가서 단 한사람이라도 내게 "어떻게 오셨어요?"라고 묻기만 한다면 보조교사라도 시켜 달라고 부탁하고 싶었는데 아무도 내게 관심을 갖지 않았 지요. 새벽마다 한 시간씩 기도했습니다.

"주님, 주일학교 교사를 하게 해주세요."

기도를 시작한지 한 달쯤 지났을 때 목사님이 나를 부르 시더니 주일 아침 9시까지 교회로 나오라고 하셨습니다. 드디어 교사를 할 수 있나보다 생각하니 기뻤지요. 그 다 음 주 약속 시간에 맞추어 교회에 갔습니다. 목사님은 나 를 데리고 교사실로 가더니 부장 선생님께 나를 소개하셨 습니다.

"경상도에서 이사 온 자매인데 주일학교 교사가 되고자 끈질기게 기도하고 있습니다. 한 반을 맡겨주면 좋겠습 니다."

"목사님, 자리가 없는데요. 아마 내년이 되어야 자리가 나 올 수 있을 것 같습니다."

내년이라고는 말했지만 내 느낌에 내년에도 안 될 것 같
았습니다. 하지만 내년까지 기다릴 수가 없었습니다. 다
음 날부터는 기도시간을 30분 더 늘렸습니다. 그러다보니

아침 시간이 모자라 서둘러야 했습니다.

"주여, 한 아이라도 좋으니 제발 주일학교 교사만 하게 해
주세요."

얼마 후, 목사님은 내게 또 한 번 주일 아침 9시까지 교회
로 오라고 하셨습니다. 목사님과 만나기 전 하나님께 기
도부터 드렸지요. 이번에는 목사님께서 화가 나신 말투로
부장선생님에게 말씀하셨습니다.

"자리 없어?"

목사님의 목소리가 평소와 다르다는 것을 느낀 부장 선생
님이 당황하신 것 같았습니다.

"없으면 하나 만들어 봐!" "아무도 그만 둔 사람이 없어
서요."

"주일학교 교사 하겠다고 이렇게 목숨 걸고 기도하는데…."
목사님과 부장님은 서로 양보하지 않고 자리를 만들어보
라고 목사님은 큰소리로 말씀하시고 부장선생님은 자리

없다는 말만 계속 반복했습니다. 이러다가는 목사님과 부장선생님이 싸움이라도 하실 것 같았지요. 목사님께서 강하게 한 마디 하셨습니다."그럼 내일 새벽 예배 나와서 내 대신 당해봐!"

"뭘 당해요?"

부장 선생님은 목사님이 무슨 말씀을 하시는지 도무지 알 수 없다는 표정을 지으셨습니다.

일주일 후, 드디어 나는 다섯 아이의 이름이 적힌 종이를 건네받았습니다. 단 한 명만이라도 좋으니 가르칠 수 있게 해달라고 기도했었는데 다섯 명이나 맡게 되어 뛸 듯이 기뻤습니다. 일주일 내내 다섯 아이의 이름을 불러가면서 기도했답니다.

우리 반이 최고

그 다음 주일에 설레는 마음으로 당당하게 교사실로 들어갔습니다. 반을 찾지 못한 듯 보이는 한 아이가 있었지요. 그 아이에게 이름을 물었습니다. 우리 반 아이였습니다. 나머지 아이들 이름을 보여주며 이 애들을 아냐고 물었지요.

"알긴 아는데요. 교회 안 나오는 애에요. 작년 크리스마

스 때 나오고 안 와요. 사실 저도 원래 이 교회 안 다니는 데…지나가다가 오늘만 나온 거예요."

"뭐라고…?"

목사님이 하도 자리 하나 만들라고 하니까 교회에는 나오지 않고 출석부에 이름만 오른 아이들로 유령 반을 하나 만들어낸 것입니다. 게다가 이 아이마저 몇 달 만에 처음 교회에 나왔다가 나를 만난 것입니다. 예배를 마친 후 그 아이가 쏜살같이 달아나면서 이렇게 말했습니다.

"선생님, 저 인제 안 올 거예요."

"그게 무슨 소리야! 잠깐 거기 좀 서봐. 너 먹고 싶은 거 없니?"

아이가 걸음을 멈추더니

"선생님이 사주시게요?"

"그럼, 사주지."

"그럼 자장면 사 주세요."

세계 나왔다. 할 수 없이 그 아이를 데리고 중국집으로 가서 자장면 한 그릇을 시켰습니다. 아이는 선생님도 드셔보라는 말도 없이 혼자 다 먹어버렸습니다. 아이가 먹는 모습을 보면서 얼마나 먹고 싶었던지요. 한 입만 달라고 말하고 싶어도 체면 때문에 입을 다물었습니다.

거의 다 먹은 후 아이가 물었습니다.

"선생님은 안 먹어요?"

"응, 난 별로 생각이 없네."

자장면 값을 생각하니 아찔했습니다. 그 아이와 함께 다른 아이들 집을 방문했습니다. 이름을 부르자 집 안에서 또래로 보이는 한 아이가 나오더니 자기는 그 교회 이제

안 나간다고 말했습니다. 교회에서 맞은 일이 있다는 것
입니다. 집으로 들어가는 친구를 잡으며 "야, 이 선생님은
무지 좋아. 자장면도 사준다. 지금 먹고 오는 길이라니까."
같은 방법으로 한 주에 한 아이씩 데리고 왔습니다. 첫

주에는 한 명, 그 다음 주에는 두 명, 그 다음 주에는 세 명…. 한 달이 지나자 원래 나에게 적어준 다섯 아이가 모두 교회로 돌아왔습니다. 매주 자장면 값이 만만치 않았지만 아이들을 위해서라면 아깝지가 않았습니다. 그리고 전도할 친구의 이름을 세 명만 적어내면 연필 한 다스를 선물로 주겠다고 하자 다섯 아이들이 모두 친구들의 이름을 적어냈습니다. 그리고 적어낸 아이들을 데리고 오면 5천 원짜리 2단 자석 필통을 상품으로 주겠다고 했지요. 혼자 전도하기 힘들면 언제든지 내가 도와주겠다고 말했습니다. 아이들은 필통을 받고 싶다는 생각 하나로 열심히 전도했습니다. 잘 안될 때에는 내게 도움을 청하기도 했지요.

겨울이 되면 아이들은 교회에 잘 나오지 않았습니다. 차량 운행하는 집사님을 따라 나서보면 집집마다 아이들 얼굴은 달라도 하고 있는 모양새는 비슷했습니다. 무릎이 툭 튀어나온 내복 차림에 머리는 새둥지였지요. 게다가 눈곱이 가득한 눈을 텔레비전에서 떼지 못했지요. 아이들은 주일 아침마다 방영되는 재미있는 만화영화의 유혹을 이기지 못했습니다. 또 잠에서 깨어나질 못해서 못 오는 아이들도 많았습니다. 그렇지만 순순히 양보할 내가 아니지요. 그 집을 찾아가 부모님에게 인사를 한 후 마당 한가운데에 있는 수돗가에서 양손에 찬물을 묻힙니다. 그리고 아이가 있는 방으로 들어가 멍하니 텔레비전을 보고 있는 아이의 얼굴을 물 묻은 찬 손으로 세수를 시킵니다. 그 다음 머리를 손으로 빗질을 하지요. 순식간에 아이는 말끔해집니다. 고무줄로 머리카락을 묶어 주기도 합니다. 벽에

걸린 옷을 입혀 허둥지둥 끌어다가 차에 태우기까지 2분이면 충분했습니다.

내 가방은 언제나 아이들이 좋아하는 것으로 가득 채워져 있었습니다. 다음 집으로 가는 동안 막대사탕을 꺼내 아이 입에 물려줍니다. 그리고 이렇게 약속하지요. 손가락을 건 후 도장까지 꾹 찍습니다.

"다음 주일, 내가 너희 집에 갔을 때 예쁘게 씻고 옷 입고 준비하고 있으면 더 맛있는 것으로 줄게."

이런 식으로 하다 보니 아무리 많은 집을 돌아도 차량 운행하는 시간이 얼마 걸리지 않았습니다. 그런데 다른 선생님들은 일일이 말로 설명하고 아이를 설득하기 때문에 시간이 많이 걸렸지요. 난 언제나 말보다 몸이 먼저 움직이거든요.

헌금시간이 되면 장난하는 아이들이 더러 보입니다. 헌금을 던지는가 하면 굴리는 아이도 있지요. 또 교회 오는 길

목에 구멍가게라도 있으면 헌금으로 과자를 사먹기 일쑤입니다. 나는 아이들에게 너그러운 선생님이었으나 헌금 부분에 있어서만큼은 엄격한 선생님입니다. 사랑할 때는 한없이 사랑하지만 가르쳐야 할 때는 확실하게 가르치는 선생님이 되어야 한다는 것이 내 신념이었지요.

우리 반 아이들에게 헌금은 반드시 봉투에 넣어서 드리는 것이라고 가르쳤습니다. 동전은 헌금하는 것이 아니라고 했습니다. 또 헌금 봉투에는 반드시 기도제목을 적으라고 합니다. 내 성경책 갈피에는 항상 천 원짜리 새 돈이 들어 있었습니다. 그래서 동전으로 헌금하려는 아이들이 있으면 준비한 천 원짜리를 주었습니다. 그리고 이렇게 말하지요.

"네가 가지고 오지 않았으니까 선생님이 주는 거야. 다음 주부터는 네 힘으로 준비하도록 해. 동전은 헌금하는 게 아니야. 그리고 헌금은 새 돈으로 해야 해. 엄마가 과자 사먹으라고 용돈 주시면 그거 모아서 하나님 앞에 헌금하도록 하자."

그리고 헌금봉투에 기도 제목을 적게 했습니다.

하나님의 은혜로 우리 반 아이들 수가 점점 늘어났습니다.

한 해가 지나고 새 학년이 되었지요.

아이들과 나는 얼마나 정이 들었는지 학년이 올라가도 계속 우리 반을 하고 싶어 했습니다. 이처럼 나를 기다려주고 따라주는 아이들이 있어서 교회에 가는 것이 가장 행복했습니다. 적은 월급에 월세를 내고 쪼개서 살림 비에 쓰고, 또 아이들에게 아낌없이 쏟아 붓다 보니 월급날이 되기도 전에 내 주머니는 항상 비어있었답니다. 그러나 돈을 모아 저축을 하는 것보다 아이들을 위해 쓰는 것이 훨씬 기쁘고 행복했답니다.

어린 시절 내 모습을 닮았어요

TV광고를 보면 세 살 밖에 안 되는 아이들이 책을 읽고 신문을 읽는 것을 보았을 거예요. 영어발음도 외국인처럼 하고요. 그러나 내가 여러분 만했던 시절에는 영어는 고사하고 초등학교에 입학해서도 한글을 제대로 읽지도, 쓰지도 못하는 어린이들이 많았답니다.

주일 학교 교사를 맡고 있었을 때의 일입니다. 매 주 성경암송을 하면 달란트를 주곤 했지요. 달란트를 많이 모으면 달란트잔치에서 원하는 물건과 바꿀 수 있었답니다. 우리 반 아이들 모두가 달란트를 많이 모으기를 바랐지요. 그런데 두 어린이가 성경암송을 검사할 때마다 고개를 푹 숙이고 시선을 피하곤 했습니다. 무슨 죄라도 진 것처럼 말입니다. 아이들도 그 애들을 무시하는 듯 했습니다. 알고 보니 이 아이들이 한글을 제대로 익히지 못해서 학교에서도 매번 구박을 받는 다는 것이었습니다. 순간 나는 이 아이들에게 제일 먼저 필요한 것은 한글을 제대로 깨치는 일이라고 생각했습니다. 더구나 그 아이들은 집에서도 보살핌을 제대로 받지 못했습니다.

공부는 고사하고 끼니도 겨우 챙겨먹었지요. 나는 아이들 모습 속에서 어린 시절 나의 모습을 발견했습니다. 아이들에게 먼저 한글 공부를 가르쳐야겠다고 생각했습니다.

열 칸 공책에 성경말씀을 써오는 것이었지요. 먼저 창

세기부터 시작해
서 하루에 성경을
3장씩 써오기로
약속했습니다.

아이들은 그 숙제가 무

척이나 힘들었었나 봅니다. 손에 얼마나

힘을 주었던지 밥 먹을 때 숟가락도 제대로 못 들 정도였

어요. 그렇지만 아이들은 나를 믿었기 때문에 참고 이겨

냈습니다. 또 돈도 받지 않고 시간을 내서 가르쳐 주는 내

게 감사했지요. 이렇게 무료 과외를 한 것이지요.

어느 날 편지 한 장을 받았습니다. 성경쓰기 숙제를 내

준 것에 대한 원망이 담겨 있는 편지였습니다. 아이가 힘

들어하고, 받아쓰기에도 나오지 않는 내용이니까 다른 방

법으로 가르쳐 달라는 내용이었지요. 하지만 나는 자신이

있었습니다. 나도 초등학교 3학년 때 성경을 베끼면서 한

글을 깨쳤거든요. 기도 가운데 하나님께서 가르쳐주신 방법이기도 합니다. 나도 그 당시엔 하나님을 원망했답니다. 그 두꺼운 성경책을 어떻게 다 쓰냐면서 하나님께 따지기도 했지요. 전기불도 제대로 들어오지 않아 등잔불 밑에서 성경을 쓰다 잠이 들어 앞머리가 탄 적도 있답니다. 과연 나는 얼마 동안이나 성경을 베껴 썼을까요? 자그마치 3년입니다.

시대가 달라졌어요. 구구단을 처음 외워요

내가 학교를 다닐 때와 지금 여러분의 시대는 많이 달라졌습니다. 책을 예로 들어볼까요? 예전에는 그림이 섞여 있는 책이 별로 없었습니다. 종이도 비싸고 귀해서 책 한 권 안에 작은 글씨들이 빼곡하게 들어앉아 있었지요. 아마 여러분에게 그 당시 책을 읽으라면 두 손을 들고 말 거에요.

이왕이면 다른 방법으로 가르쳐 달라는 편지를 받은 얼마 후 아이들에게 받아쓰기 훈련을 시키기 시작했습니다. 하루에 100개씩 쓴 적도 있습니다. 그런데 아이들은 똑같은 것을 불러도 자꾸 틀리곤 했습니다. 그러나 모두 맞기 전에는 집에 갈 수가 없었지요. 결국 아이들은 1학기 국어교과서를 한 달 만에 다 익혔습니다. 이제 학교에서 받아쓰기를 해도 겁을 내지 않았지요. 오히려 그 시간이 기다려질 정도였습니다. 점수도 물론 좋았지요. 아이들만 신이 난 것이 아닙니다. 엄마들도 신이 났지요. 그래서 감사의 표시로 김치를 담가 오기도 했답니다.

자식에 대한 엄마들의 욕심은 끝이 없지요. 아마 이 세상의 엄마들 모두가 같은 마음일거에요. 자기 자식에게 좋은 것은 무엇이든 주고 싶은 욕심이지요. 엄마들은 내가 아이들을 계속 가르쳐 주기를 바랬습니다. 아이들도 나랑 정이 들고, 또 자기도 잘 할 수 있다는 확신을 얻었기 때문에 계속 가르쳐 달라고 졸랐어요.

그러나 나는 두려웠답니다. 엄마들은 본격적으로 과외를 해달라며 과외비까지 가지고 왔습니다. 나는 한 편으로 가슴이 철렁하기도 했어요. 엄마들에게 소문이 퍼져 나갔습니다. 일류대학 나온 선생님이 공부를 가르친다고 말입니다. 내가 아이들을 그렇게 잘 가르치는 것을 보면 아마 서울에서 명문 대학을 졸업한 것이 틀림없다고 생각했거든요. 게다가 나는 과외를 해 본 적이 한 번도 없었어요. 이제 거절할 수도 없게 되었어요. 엄마들은 돌아가고 내 앞에는 흰 봉투만 두 개 놓여있었지요. 그 안에는 각각 4만원씩 들어 있었습니다. 내게 8만원은 큰돈이었습니다. 돈은 갖고 싶은데 아이들을 제대로 가르칠 자신은 없었습니다.

나는 다음 날 그 봉투 두 개를 들고 새벽기도회에 갔습니다. 그리고 어떻게 하면 좋겠느냐고 하나님께 물었습니

다. 하나님께서 내 마음속에 답을 주셨습니다. 충분히 가르칠 수 있다는 자신감도 함께 주셨지요. 아이들은 2학년이었고, 저는 초등학교 3학년까지는 다녔으니 그래도 선배잖아요?

이제 받아쓰기뿐만 아니라 다른 과목도 가르쳐야 합니다. 일단 교재를 골랐어요. 교재 맨 뒤에는 해답이 있는 것을 보고 기뻤습니다. 답을 알고 있다는 것만큼 자신 있는 일도 없잖아요? 문제집의 해답지는 감춰두고, 아이들에게 문제를 풀게 했어요. 해답을 전혀 보지 않는 것처럼 하면서 아이들의 답지를 채점했어요. 아이들은 금방 문제를 풀었고, 채점 시간도 길지 않았지요. 그러나 틀린 문제를 설명해줘야 했기에 다시금 걱정이 생겼어요. 빨리 한 달이 지나버렸으면 좋겠다는 생각을 했지요. 애들이 올 때마다 나는 겁이 났어요. 나를 하늘처럼 생각하는 아이들은 즐겁게 왔지요.

일단 돈은 받았으니 한 달 만 지나면 무슨 핑계를 대서라도 관두겠다는 생각으로 하루하루 시간을 때웠습니다. 생각보다 시간이 많이 사용되었습니다. 그래도 아이들을 위해 기도는 열심히 했지요. 그런데 내 마음 한 구석에 캥기는 것이 있었어요. 내가 맡고 있는 주일 학교 어린이들 가운데 과외를 하는 애들만 더 열심히 기도를 했던 거예요. 과외 하는 아이들을 위해서 한 시간씩이나 기도를 했거든요.

드디어 한 달이 지났습니다. 내 마음이 날아갈 듯 가벼워졌습니다. 그런데 이게 웬일입니까? 내 앞에는 흰 봉투가 또 놓였어요. 이번에도 돈은 필요했고, 가르칠 자신은 없어서 하나님께 도와달라며 또 기도를 했지요.

이제 시간을 적절히 보내는 방법도 터득했습니다. 그런데 어느 날 한 아이가 구구단을 다 외워 와야 한다고 엄마가 말했다는 겁니다. 아차, 나는 구구단을 외우지 못하고 있었어요. 이번엔 더 겁이 났습니다. 그러나 겉으로는 아무렇지도 않다는 듯 한 표정을 지으며 이렇게 물었지요.

"뭘 걱정이니, 구구단을 외우면 되지. 그런데 구구단이 어디 있니?"

아이가 내미는 책받침 뒤에는 구구단이 찍혀 있었습니다.

아이들에게 구구단을 외게 하면서 나는 슬쩍 구구단이 찍힌 책받침 뒷면을 보고 확인을 했지요. 물론 아이들에겐 그림이 찍힌 책받침의 앞면만 보일 뿐입니다. 설마 과외 선생님이 구구단도 못 외울 것이라고 그 누가 상상했겠습니까?

이번에도 한 달만 딱 하고 진짜 관두겠다고 마음먹었습니

$$2 \times 1 = 2$$
$$2 \times 2 = 4$$
$$4 \times 5 = 20$$
$$2 \times 3 = 6$$
$$4 \times 6 = 24$$
$$2 \times 4 = 8$$
$$4 \times 7 = 28$$
$$4 \times 8 = 32$$
$$7 \times 1 = 7$$
$$6 \times 1 = 6$$
$$7 \times 2 = 14$$
$$7 \times 3 = 21$$

다. 그런데 아이들의 성적이 올랐다는 것입니다. 50등을

하던 아이가 38등이 되었다고 기뻐했지요. *그 당시엔 한 학급의 학

생 수가 지금보다 훨씬 많았지요

아이들과 엄마들은 성적이 오른 것이 모두 내 덕분이라고

생각했지요. 사실 나는 늘 들통이 날까 가슴 졸이며 기도

밖에 하지 않는데 말이에요.

이제 내가 명문대를 졸업한 실력파라는 소문이 더 멀리

퍼져나갔어요. 과외를 관둔다면 모두 펄펄 뛸 상황이 된

것입니다. 나는 또 과외비를 받게 되었어요. 만일 여러분

이 나였다면 어떻게 했을까요?

4학년이 무서워요

시간은 잘도 흘러갔습니다. 아이들에게 문제를 풀게 하고 채점을 하고, 한 달마다 학교에서는 시험을 보고, 아이들의 점수는 자꾸 올라갔지요. 그런데 하루는 4학년 어린이를 가르쳐 달라는 부탁을 받았습니다. 2학년도 겨우 가르치고 있는데 어떻게 4학년을 가르치겠어요? 더더구나 그 아이는 나보다 키도 더 크고 동네 학

원은 여기저기 다 다녀봤다고 했습니다. 그런데도 성적은 제 자리 걸음이라 3개월간 고민하다가 데려왔다는 것입니다. 이번에도 그 엄마는 봉투를 강제로 떠넘기고 가버렸습니다. 학년이 높아서 그런지 봉투 안에는 2만원이 더 들어있었지요.

이번에는 어찌나 겁이 나던지 하나님도 도와주시기 힘들 것이라는 생각이 들었습니다. 그러나 새벽마다 하나님을 부르며 기도하다보니 자신감이 생겼습니다. 에라 모르겠다! 한 번 해보자는 생각이 들었지요. 일단 4학년 전과부터 샀습니다. 전과를 펴보니 모든 것이 낯설기만 했습니다. 이리 저리 넘겨보아도 눈에 들어오는 것은 없었습니다.

4학년 아이를 처음 가르치는 날입니다. 그 아이는 말투나 행동이 모두 삐딱해보였지요. 어떻게 가르칠까 진땀을 빼는데 갑자기 지혜가 떠올랐습니다. 어떻게 해서든지 첫날

은 넘겨야 한다는 생각에 자기평가문제지를 떼어 내어 풀

어보라고 했지요. 시험지를 보자 주눅이 든 그 아이는 볼

멘소리로 문제 같은 것 안 푼다고 말했습니다. 네가 어느

정도 수준인지 알아야 가르칠 수 있다며 달랬지요. 그러

자 그 애가 불쑥 내 뱉는 말은

"저, 특별반이에요."

특별반이라는 말에 가슴이 철렁했습니다. 정상반 아이도 어떻게 가르칠까 끙끙거리고 있는데 특별반이라니!

그런데 나중에 알고 보니 특별반은 제 학년의 공부를 따라가지 못하는 아이들만 따로 모아서 만들어진 반이었습니다. 공부하는 책을 이리저리 넘겨보니 내가 충분히 가르칠 수 있을 것 같았지요. 하나님께 얼마나 감사하던지 눈물이 나올 정도였답니다. 하나님께서는 어쩌면 나를 이렇게 잘 아실까? 내 모든 것을 아시는 하나님을 아버지라고 부를 수 있어서 너무 감사했습니다. 그 감사함을 표현할 방법을 알 수가 없어서 그 아이 머리를 잡고 기도를 했습니다. 아이는 어리둥절하여 뭐가 그리 감사하냐고 물었습니다.

그 후 아이와 공부를 하기 전 30분 동안 늘 기도를 했습니다. 그 아이는 기도하는 것이 공부하는 것보다 괴로운 것 같았지요. 그러나 아이의 등수가 바닥을 긴다고 하더라도 가르치는 것은 늘 겁이 났습니다. 게다가 그 아이는 내가 설명하는 것을 이해를 못했습니다. 어쩌면 내가 잘못 가르쳐서 그럴 수도 있다는 생각이 들었지요. 그러나 만나면 만날수록 그 아이는 공부와는 별로 친하지 않은 것 같다는 생각이 들었답니다. 그래서 새벽기도 시간에 다른 아이들 보다 그 아이를 위해 더 많이 기도했습니다. 그래도 내 마음 한 구석에 늘 두려움이 있었지요. 아직까지는 아무 탈 없이 과외를 하고 있지만 언제 들통이 날지도 모른다는 생각 때문입니다. 그래서 공부를 하기로 마음먹었지요. 서점에 가서 초등학교 1학년에서 6학년까지의 전과를 모두 샀습니다. 그리고 열심히 공부를 했지요. 그렇지만 시간이 모자랐습니다. 몸도 너무 피곤해서 코피를 쏟기도 했습니다. 왜냐하면 낮에는 공장 식당에서 일을 했거든요. 그리고 4학년 아이가 아무리 공부를 못한다고 해

도 그 아이가 오기 전에는 미리 예습을 해야만 했어요.

몸과 마음이 힘들다보니 하나님을 원망하기도 했답니다.

그 아이를 위해 기도하다가도 어떤 때에는 "하나님! 왜 저 아이를 저에게 맡기셨어요?"하며 변덕을 부리기도 했지요. 여러 가지로 힘이 많이 들었거든요. 잠도 제대로 못자고, 공부도 잘 안되고, 그래서 매일 울면서 기도 했답니다. 그런데 어느 날 문득 이런 생각이 들었습니다.

'하나님께서 이 아이를 만나게 해 주신 이유가 있을 거야. 만일 내가 이 아이를 만나지 않았더라면 공부를 할 생각을 하지 않았을 테니까 말이야.'

갑자기 내 안 깊은 곳에서 하나님을 향한 감사가 솟아났습니다.

가르치는 나나 배우는 학생이나 큰 차이점이 없었습니다. 그래서 어떤 때에는 내가 문제를 잘못 풀어서 그 애까지 시험에서 틀린 적이 있지요. 그러면 아이는 이렇게 쉬운 문제를 왜 틀렸냐며 엄마에게 혼이 나곤 했답니다. 아이는 선생님이 그렇게 가르쳐 주셨다고 말하지만 엄마는 전혀 믿으려 하지 않았습니다. 나를 워낙 믿고 있었기 때문

이지요. 하나님께서는 여러 가지 방법으로 내 부끄러움과

잘못을 숨겨주셨답니다.

하나님의 품에 숨어요

아이들은 하루가 다르게 쑥쑥 커갔습니다. 키와 머리만 크는 것이 아니라 학교에서 배우는 내용도 날로 어려워졌습니다. 자신이 없어지면서 아이들이 올 시간만 되면 달아나고 싶었지요. 그러나 내가 달아나는 곳은 늘 하나님의 품이었습니다. 그 안에 숨어 칭얼대면 하나님께선 부드러운 음성으로 내 마음속에 답을 주시곤 하시지요.

"순애야, 네가 제일 잘하는 것이 무엇이지?"

아무리 생각해도 남보다 잘하는 것은 없는 것 같았습니다. 기도라면 모를까? 기도도 하나님께서 기도할 마음을 주셔야 하는 것이므로 제 자랑거리는 아니었거든요.

"아참! 한 가지 있어요. 사람들의 마음을 어루만질 수 있어요. 청송교도소에서 했던 일들이 생각나요. 그 일은 8년이나 했었잖아요. 하지만 이 애는 어린아이인데 제가 하는 이야기를 잘 이해할까요."

하나님께서 제 마음 속에 답을 또 들려주셨지요.

"걱정하지 말고, 내가 너에게 준 선물을 많이 나눠주면 된단다."

저는 너무 기뻤지요. 나도 모르게 찬송이 흘러나왔습니다. 그 날은 아이가 오기를 마음 졸이며 기다렸습니다. 이런 일은 처음 있는 일이지요. 드디어 아이는 늘 같은 모습으

로 마지못해 내 앞에 나타났지요. 두 눈을 반짝이며 아이

손을 덥석 잡았어요.

아이는 당황한 표정을 지으며 손을 빼려고 했습니다.

"내가 한 가지 물어볼 것이 있는데 대답해줄래?"

"뭔데 그러세요?"

아이의 눈에 원망의 빛까지 어렸습니다.

"넌 어디서 왔니?"

"……?"

선생님이 미쳤나? 하는 표정으로 날 쳐다보기만 했지요.

"다시 물을게, 너는 어디에서 왔는지 아니?"

"엄마 아빠가 낳아주셨잖아요."

내 목소리가 너무 진지했던지 이번엔 겁을 집어먹은 표정

이었습니다.

"그럼, 엄마 아빠는?"

"할아버지 할머니에게서 태어나셨죠."

내 질문은 삼십 분이나 계속되었답니다.

아이도 더 이상 못 참겠다는 듯 짜증

을 냈습니다.

"할아버지 할머니는?" 집요한 질문에 그 아이도 두 손 들

은 듯 했지요.

드디어 진지한 표정으로 또박또박 이렇게 말했습니다.

"하나님은 너를 너무나도 사랑하신단다."

오직 믿음으로 전하는 내 말에는 큰 힘이 담겨 있었습니

다. 그 힘은 듣는 사람의 마음을 움직이게 하고, 생각을 바

꾸지요. 내 말을 통해 하나님께서 일하시기 때문입니다.

"제가 그렇게 귀한가요? 말도 안돼요. 공부도 못하고 매일

말썽만 부리는데."

"걱정 마. 얼마든지 바뀔 수 있어."

"어떻게 제가 바뀌어요?"

"너 교도소에 대해 알고 있니?"

"교도소요? 감옥 말이죠?"

"너 거기 가고 싶니?"

"제가요? 아니요!"

"그곳에 있는 사람들 가운데 많
은 사람이 어릴 때 공부하기 싫
어하고, 하지 말라는 일만 하고,
친구들에게서 돈이나 빼앗곤 했지."

내가 교도소에 가서 강연을 한 적이 있다는 말에 어느 정
도 믿는 것 같았습니다. 세상엔 엄마 아빠가 없는 아이들
도 많다는 이야기도 해주었습니다. 그리고 정말 공부하
기 싫으면 아예 오지 말라고 으름장을 놓았답니다. 그리
고 그 애를 데리고 보육원에 직접 방문했지요. 부모님 없
이 그곳에서 지내는 아이들을 만나게 해주었습니다. 그
후 그 아이에겐 많은 변화가 생겼지요. 먼저 엄마 아빠에
게 감사하는 마음이 생겼어요. 그리고 자기가 가지고 있

는 것이 얼마나 많은지 깨닫는 것 같았어요. 과외를 시켜

주신 것도 감사하고, 나를 만난 것도 감사하다는 것이었

어요. "아니에요. 열심히 공부할거에요."

울먹거리며 그 아이는 말했습니다.

그 후 어떤 일이 벌어졌을까요?

어느 날 그 아이 엄마는 담임선생님의 전화를 받고 허둥

지둥 학교로 달려갔답니다. 이번에는 또 무슨 사고를 쳤

을까 걱정하면서 말이에요.

그런데 이게 웬일인가요? 담임선생님께서는 활짝 웃으시

며 성적표를 보여주셨습니다. 성적만 오른 것이 아니라 모

범생이 되었다는 것입니다. 도대체 비결이 무엇이냐고 묻

자 그 아이 엄마는 내 이야기를 했답니다. 그랬더니 그 선

생님이 누구신지는 몰라도 "진짜 선생님"이라고 말했지

요. 아이 엄마는 바로 내게 달려와 엉엉 울었습니다. 이 소

문은 곧 온 동네에 퍼졌어요. 그 다음 날부터 동네 말썽꾸

러기들이 자기 엄마 손에 이끌려 모두 나를 찾아왔습니다. 몇 달이 지나자 학생 수가 스무 명으로 늘어났습니다. 이제 난 공부를 더 열심히 해야 했지요. 1학년에서 6학년까지의 전과를 밤새 공부했습니다. 비로소 자신감이 생겼습니다. 다니던 공장도 그만두고 과외만 전념했습니다. 내 방은 작은 학원처럼 꾸며졌지요. 벽에 칠판도 걸리고, 학년별로 시간표도 붙였습니다. 내가 일류대학을 나왔다는 헛소문이 진짜인양 스스로도 착각을 할 정도였지요.

과외를 하겠다는 아이들이 계속 늘어났어요. 처음엔 두 명이었던 아이들이 32명이 되었지요. 과외비도 늘어났겠지요? 그래서 하나님께서 내게 복을 부어주신다고 생각했습니다.

출근이 필요 없는
과외 주식회사

속은 가짜이지만 겉은 일류대학을 나온 과
외선생님다워 보였습니다. 아이들이 오기 전에는 거울 앞
에서 멋진 포즈를 연습했습니다. 겉이라도 진짜 같아 보
여야겠다는 생각 때문이지요. 그리고 더 이상 아이들을
가르치는 것이 겁나지 않았습니다. 내가 초등학교도 졸업
못한 선생님이라는 것을 아무도 알아채지 못했지요. 대신

가르칠 내용을 미리 열심히 공부했습니다. 아이들은 계속 모여 들었고, 돈도 많이 벌게 되었답니다.

늘 돈에 쪼들리다가 큰돈이 손에 들어오니 제일 먼저 엄마 생각이 났습니다. 전화로 엄마에게 기쁜 소식을 알렸지요. 내가 서울에 올라가 한 달에 200만원이나 벌더라는 소문이 동네에 좍 퍼졌습니다. 대학을 졸업한 사람들도 그렇게 많이 못 버는데 초등학교도 제대로 못 마친 내가 큰돈을 벌다니 틀림없이 나쁜 짓을 해서 버는 것이라고 생각하는 사람들도 있었지요. 딸을 철석같이 믿던 엄마도 걱정이 되었나봅니다. 착하기만 한 딸이 정말 못된 친구들의 꼬임에 넘어가 나쁜 짓을 해서 돈을 벌면 어쩌나? 드디어 엄마가 서울로 올라오셨습니다.

역에서 엄마를 보는 순간 얼마나 반가웠는지 모릅니다. 애써 눈물을 참고 미소를 지었지요. 그런데 엄마의 표정은 굳어 있었습니다. 딸이 도대체 무엇을 해서 그렇게 큰 돈을 버는지 알지 못하셨기 때문이지요. 밤이 늦도록 꼬치꼬치 캐묻는 엄마에게 하룻밤만 기다리면 다 알게 된다며 제발 내일까지만 기다려 달라고 부탁했지요. 동네 사람들이 무어라 하던 엄마는 딸을 믿고 늘 기도 하셨다고 했습니다. 그날 밤 엄마를 꼭 안고 잠들었습니다.

아침을 먹고도 그냥 방에 눌러 앉아 있는 것을 보신

엄마가 물으셨지요.

"넌 월급을 그렇게 많이 받으면서 출근을 빼먹는 거니?"

나는 일부러 아무 말도 하지 않고 웃기만 했지요. 곧 알게 되실 테니까요. 엄마는 갑갑하신지 동네를 한 번 돌아보시겠다며 나가셨습니다. 그 사이 아이들이 몰려왔지요. 작은 방에 상이 펴지고 아이들은 여느 때처럼 공부할 준비를 했습니다. 내가 선생님이 되어 아이들을 가르치는 모습을 보고 엄마는 어떤 표정을 지으실까? 혼자 생각이 얼굴에 그대로 드러났나 봅니다. 무슨 일이 있기에 그렇게 웃기만 하시느냐고 아이들이 물었지요. 언제쯤 방문이 열릴까 촉각을 곤두세우며 아이들을 가르쳤습니다. 드디어 방문이 열렸습니다.

그런데 엄마는 전혀 다른 반응을 보이셨답니다. 두 눈을 크게 뜨시고는

"순애야, 너 지금 뭐하는 거니?"

칠판에 글씨를 쓰면서 대답했지요.

"엄마, 아이들 가르치고 있어요."

그 말에 엄마는 소리를 버럭 지르셨습니다.

"초등학교도 못 마쳤으면서 누구를 가르친다는 거냐?" 엄마의 고함소리가 얼마나 컸는지 모릅니다.

아이들도 놀란 모양이었습니다. 이 할머니는 누구냐고 물었습니다. 나는 내 정체가 들통날까봐 간을 졸이고 있었지만 엄마는 아랑곳하지 않으셨지요.

아이들은 사투리 섞인 엄마의 말을 잘 못 알아듣는 것 같

았어요. 갑자기 엄마가 미워졌습니다. 내가 공부를 할 수

없었던 것이 슬펐고, 엄마는 내가 안쓰러워 서럽게 우셨지요. 나도 엄마를 부둥켜안은 채 같이 울었답니다. 그러나 혼자 초등학교 6학년까지 공부하면서 아이들을 가르친다는 말에 대견해 하셨습니다. 엄마가 서울에 오신 지 일주일이 지났습니다. 부지런한 엄마는 집에만 있지 않으시고 화원 비닐하우스에서 꽃을 따는 일을 하셨습니다. 엄마도 서울 생활을 즐거워하시는 것 같았습니다. 늘 그리워하던 엄마와 같이 있게 되니 매우 기뻤답니다.

그런데 기쁜 일이 있으면 그 반대의 일도 생기기 마련입니다. 어느 날 이제 더 이상 과외를 할 수 없게 되었습니다. 불법과외로 적발이 된 것입니다. 계속 과외를 하면 경찰에 잡혀가게 됩니다. 왜냐고요? 그 무렵에는 나라에서 불법 과외를 금지시켜 아무나 과외를 할 수 없도록 정했기 때문입니다. 갑자기 할 일이 없어지니 앞이 캄캄해졌습니다. 할 일이 없으니 돈도 벌 수 없었지요.

하늘 높이 날아오르다가 갑자기 땅으로 꽝 떨어지는 느낌이기도 했어요. 아무 것도 아닌 나를 높이 날게 하신 분이 하나님이시라는 것을 믿고 있었지요. 그런데 왜 하루아침에 땅바닥에 주저앉게 하셨을까? 내가 할 수 있는 것이라곤 기도 밖에 없었어요. 엄마는 함께 고향으로 돌아가자고 말씀하셨지요. 그러나 나는 하나님께서 원하시는 것이 무엇인지 알고 싶었답니다. 이번에는 사흘 동안 먹지 않고 금식기도를 했지요. 오직 과외를 다시 하고 싶다는 생각과 그 길 뿐이었기 때문입니다. 깊은 밤 "기도할 수 있는데 왜 걱정하십니까? 기도하면서 왜 염려하십니까?"라는 복음성가의 가사가 떠올라 울고 있던 나는 일어나 교회로 달려갔습니다. "하나님, 내 길을 알려주세요." 눈물을 펑펑 쏟으며 간절히 기도했습니다. 내 기도는 40일간 이어졌지요.

학원 원장님이 되었어요.

어느날 깍두기 머리에 체격이 건장한 한 남자가 내게 인사를 했습니다. 누가 보더라도 교도소에서 막 나온 것 같은 모습이었지요. '누군데 날 알아볼까!' 약간 겁도 났습니다. 그런데 그 사람은 나를 만나게 해달라는 기도를 얼마나 많이 했는지 모른다고 말하는 것이었어요. 그리고 드디어 기도가 이루어졌다며 기뻐했습니다.

청송교도소에서 내 이야기를 들은 후 자기의 삶이 바뀌

었다고 말했습니다. 나보다 나이는 스무 살이나 많았지만

삶의 모습을 비교하니 자신이 너무 부끄러웠다고 했어요.

그리고 앞으로는 새 삶을 살겠다고 결심했다지 뭡니까?
그는 내 앞에서 갑자기 웃옷을 걷어 올리더니 배를 보여
주는 것이었습니다. 그렇지 않아도 겁이 나있는 데 배까
지 드러내니 어쩔 줄을 몰랐어요. 배엔 흉터가 하나 있었
습니다. 그 흉터는 신장을 기증할 때 생긴 것이라고 자랑
스럽게 말했습니다.

"누구에게 신장을....?"

죽어가는 어느 군인에게 신장 한 쪽을 떼어 주었다는 것
입니다. 교도소에서 하나님을 처음 믿게 되었고 출소한지
3일 만에 신장기증 수술을 받게 되었다고 했습니다. 교도
소를 나올 때 단 한 가지 재산이 있었다면 그것은 자기 몸
이었다고 합니다. 그런데 하나님께서는 그 몸의 일부를
다른 사람의 생명을 살리는 데 사용하게 하신 것입니다.
그리고 매일 새벽 신문을 돌리고 저녁 늦게까지 일을 하
면서 열심히 살고 있다고 했습니다.

'그 사람은 내 강연을 듣고 완전히 다른 사람으로 변했는데 지금 내 모습은!'

"선생님, 요새는 무슨 일을 하시나요?"

나를 선생님이라고 부르며 정중하게 물었습니다. 그래서 간략하게 내 사정을 이야기 했습니다. 그리고 앞으로도 서로 연락을 하기로 한 뒤 헤어졌습니다.

3일 후 그 분이 나를 찾아왔습니다. 문 앞에는 작은 오토 바이가 세워져 있었지요. 그 분은 들떠 있는 듯 했어요. 그러더니 오토바이 뒤에 나를 태우고 어디론가 쏜살같이 달려갔습니다.

오토바이가 도착한 곳은 그 분이 다니는 회사였습니다. 그 분이 신장 기증한 이야기가 텔레비전에서 소개되었고 그 방송을 본 사장님이 회사에서 일하게 해주셨다는 것입 니다. 그 분은 사장님께 내 이야기를 하면서 도와달라고 여러 번 부탁했답니다. 내 덕분에 자기의 삶도 변화되었다면서 말이에요.

사장님은 내가 학원을 차릴 수 있도록 돈을 빌려 주신다고 했습니다. 도무지 믿을 수가 없었답니다. 학원을 차린다는 것은 상상도 해본 적이 없었거든요. 또 학원을 차리려면 돈이 얼마나 필요한지도 알지 못했습니다. 어물대는 나에게 그분은 이렇게 말했습니다.

"선생님, 선생님이 못 갚으면 저라도 열심히 일해 대신 갚을 테니 걱정하지 마시고 열심히 아이들이나 가르치세요."

'하나님께서 이 분을 통해 나를 도우시는구나!'

하나님은 한 번도 내 기도를 잊지 않으셨습니다. 기도를 시작한지 25일이 되었을 때 이 큰 선물을 주셨답니다. 내가 할 수 있는 것은 언제나 기도뿐이랍니다.

사장님이 빌려주신 돈으로 학원을 차렸습니다. 먼저 장소를 정하고, 필요한 물건들은 중고시장에서 사서 직접 칠

을 했습니다. 이제 남은 것은 교육청에 가서 학원 허가를

받는 것입니다. 갑자기 떨리기 시작했습니다. 선생님이

되려면 대학을 졸업하고 교사자격증이 있어야 합니다. 그러나 다행히 학원원장에 대해서는 특별한 규정이 없었습니다. 40일 기도를 마친 날 속셈학원 간판이 걸렸고, 나는 학원 원장이 되었답니다. 우리 학원에 교사자격증을 갖춘 선생님이 들어왔습니다.

이제 학원에 다닐 아이들이 필요했습니다. 직접 아이들을 모으기 시작했지요. 과외를 가르치던 32명의 아이들이 모두 학원에 다시 오기만 한다면 학원이 망할 걱정은 없었거든요. 만일 아이들이 오지 않으면 선생님 월급도 못 드리고, 학원 월세도 낼 수가 없습니다. 또 기도하기 시작했습니다. 내가 가르쳤던 아이들이 다시 내게 오게 해달라고 말입니다. 그런데 학원 문을 여는 날 모두 60명의 아이들이 몰려 왔답니다. 그런데 궁금한 것이 있었지요. 나에게 과외를 한 적도 없는 아이들이 어떻게 이 학원을 찾아왔을까? 알고 보니 원장이 일류대학을 나왔다는 소문을 들었다는 것입니다.

날이 갈수록 아이들의 숫자가 늘어났습니다. 나는 아이들을 차로 실어 나르기도 하고, 상담도 했지요. 어떤 엄마들은 돈을 더 드릴 테니 내가 직접 아이를 가르쳐줄 수 없느냐고 부탁했습니다.

그 후 속셈학원만으로는 부족하여 피아노 학원까지 열었습니다. 피아노 학원은 속셈학원의 두 배 크기였어요.

학원을 통해 버는 돈은 과외를 할 때와 비교할 수가 없었답니다. 그러던 어느 날 새벽기도를 하다가 내가 크게 잘못한 것이 있다는 것을 알았답니다. 내가 번 돈의 십분의 일을 하나님께 드려야 하는데 계산을 잘못한 것입니다. 그러나 내 잘못을 깨닫는 즉시 상자 하나를 예쁘게 꾸민 뒤 그 위에 〈축복의 십일조〉라고 썼지요. 그리고 내 손에 들어오는 돈마다 십분의 일은 즉시 그 통 속에 들어갔답니다.

하나님께서는 계속 선물을 주셨습니다. 컴퓨터 학원과 글짓기 학원, 미술학원, 나중에는 태권도 체육관까지 열게 되었답니다.

안경 낀 사람을 만나게 해주세요

나는 아주 오래 전부터 행복한 가정을 꿈꾸어왔답니다. 이 세상에서 가장 아름다운 가정을 이루는 것이 내 간절한 소망이었지요. 어린 시절, 빈 깡통을 들고 남의 집에 밥을 얻으러 가면 따뜻한 불빛에 그림자가 어른거리고, 이야기 소리와 웃음소리가 들려오곤 했지요. 그 행복한 가정의 분위기가 나로 인해 깨질까봐 겁이 나서 그냥 마당을 나설 때도 있었답니다. 담장 밑에 쪼그리고 앉은 내 두 눈에서는 뜨거운 눈물이 흐르곤 했습니다.

서울에 올라오기 전 스물일곱 살까지 나는 청송에서 살았습니다. 나이가 차자 결혼할만한 사람을 소개받았습니다. 그러나 그 사람에게 시집을 가면 평생 농사일만 할 것 같다는 생각에 선뜻 허락할 수가 없었답니다. 기도하며 꿈꾸는 내 남편은 목사님이 될 사람이었답니다. 그러나 우리 집은 가난하고, 나는 배운 것이 없었으니 과연 이 꿈이 이루어질까 하는 의심도 있었지요.

또 한 가지

"안경을 쓴 사람을 만나게 해주옵소서."

나는 안경 낀 사람이 참 맘에 들었습니다. 아마 시골에서는 안경 쓴 사람이 별로 없어서 그랬을지도 모릅니다. 특히 농사를 지으며 안경 낀 사람은 보질 못했거든요. 안경 낀 사람은 어쩌다 읍내에나 가야 만날 수 있었습니다.

어느 날 목사님께서 신학생을 소개시켜 주신다고 했습니다. 드디어 내 꿈이 이루어지는구나 생각하니 가슴이 콩탁 콩탁 뛰었지요. 목사님과 함께 두 시간 정도 차를 타고 선보기로 약속된 장소에 갔습니다. 신학생은 자기 어머니와 함께 나왔습니다. 그런데 그 신학생이 안경을 쓰고 있지 뭐예요. 안경 쓴 것을 보자마자 맘에 들었습니다. 키가 작아도 상관없었지요.

어찌나 떨리던지 고개를 들 수 없을 정도였습니다. 또 새벽부터 서둘러 나오느라 밥도 먹지 못했고, 빌려 입은 옷이라 불편했습니다. 잠도 제대

로 못자서 피부도 엉망이었죠. 그런데 신학생의 어머니가 놀라며 물었습니다. "아가씨 손이 왜 이

렇게 험하나요?” 지금도 우연히 내 손을 보게 되면 사람

들은 80대 할머니 손 같다고 말합니다. 내가 고생한 흔적

이 얼굴에는 남지 않았고 손에만 남았나 봅니다. 손 때문

에 그 자리에서 거절을 당했습니다.

그 후에 내가 과연 안경 낀 신학생을 만났을까요? 이 이야기는 아주 길고 길어 여러분이 어른이 되면 들려줄게요. 지금 나는 행복한 가정을 누리고 있답니다. 내 남편과 나를 보고 사람들은 '미녀와 야수'라고 한답니다. 내 남편은 늦게 신학교를 졸업하고 전도사가 되었답니다. 안경은 안 꼈지만...... 그러면 하나님께서는 내 기도를 다 들어주신 것이네요.

내가 만난 하나님을 여러분도 꼭 만나보세요.